「十言神呪」開示百年記念

神界物語（三）

――「十言神呪」の世界――

石黒 豊信

MPミヤオビパブリッシング

はじめに

(一)正一位の明神さまからいただきました、最近(令和三年末)のお言葉から始めたいと思います。『光る国神霊物語』において「十言神呪」の開示に携《たずさ》わられた明神さまの正一位アキヒイラギノ命です。

正一位アキヒイラギでございます。正一位ヒイラギでございます。

まことに、いつも変わらぬお心を、嬉しく思う次第でございます。まことに、正一位マノミチノリノ命――廣池千九郎博士の霊名《れいめい》――のお徳[学問の導きのままに育ったこと]に、ただただ感謝を申し上げるのでございます。

こうして、本当の「十言神呪」の道というものを、人間のこの世界の中にも、一つずつ植え付けていきたい。種をまいていきたいと思うのが、心ある本当のお気持ちであろうと思うのでございます。そして、まさに、まさに「四海兄弟」と、地球の上が一つの家族のように、秩序と調和と統一の取れた世界になっていただきたいものと、ただただ願うのでございます。しかしこれが、そのようにならないということを、示しておるのが、今度の『神界物語』の中にもあるわけであります。

この『神界物語』の果たす役割というのは、極めて大きいものがございまして、まだまだ貴照彦さんに、そのことが十分に理解できていないところもあるのでございますが、それはやむを得ないことでございましょう。しかし、現在のこの構想は、神様の願われるところは、まことに大きいものがございます。それらをこの現世《うつしよ》に、お土産として残してゆかれるのが、貴照彦さんの最大のお仕事でございましょう。

まことにこれは、この日本の最古の、最も古い書物である『古事記』をも、書き変えようとする。そういうような、大きいものでございます。ですから、その『神界物語』の扉が、一歩ずつ開かれようとしておるのであります。それらを神々が、貴照彦さんの進歩に合わせて、少しずつ開いておりますので、そのままに安心をして進み、そして、大きい種を、植え付けていって欲しいと、ただただ願うのでございます。

そういう意味でまた、この花井先生のお書きになられた、『光る国神霊物語』や『十言神呪』、それらをできるだけ伏字をなくし、全てをオープンにするという、そういう姿勢も、またまことに、まことに大きいものでありまして、度量がなければ、できないものでございます。しかしこうして、それらを残されることは、まことに大きい、人類に対する功績でございましょう。

この、新型のコロナウイルスに関しては、これはもう、今までお伝えをしてきた通りであり、あえてここに大きく、変わることはございません。けれども、まさに人間が、信仰という意味において、天津神《あまつかみ》と国津神《くにつかみ》を調和して信仰するという、いわば「一神教」ではなくして、「多神教」の世界へと誘おうといたしておるわけでございます。

そうして、神々の世界の中に、これを、一夫多妻ということもございますけれども、人間が、人間として、この地球霊界の上において生きるときに、もうその必要はないであろうというのが、これまた、神々のご判断でございます。すでに一夫多妻というのは、こういうグローバルな社会の中において、必要はない。これからは一夫一婦として、一組の夫婦として成り立つような時代に向けて行かねばなりません。ここに、イスラム教などにおいて、大きく変容していくはずでありまして、ここにも大きく手入れが入って参ります。

また、このキリスト教世界《カトリック》の中においても、神父として、結婚をしないということも、これも次第に廃れていくようになりましょう。まさに、仏の世界の中において、親鸞聖人がその壁を打ち破られたように、キリスト教世界の中においても、これを、夫婦として生きてゆく。そして、正しい道を伝える。そういうような、新たな信仰というものが、生まれて参りましょう。

今、日本は、少子高齢化となりました。次第に女性の地位が高くなり、それと共に結婚が遅くなり、晩婚となり、また色々な理由で、お子様を授かることができなかった方々も、おいでになられるわけであります。しかしこれらは、そういう正しい、一つの道として、まことに褒め讃えられるべき人の道でございます。こうして生きることが、何よりも、大切なことでございます。ここに、どのように高名を博《はく》すとしても、余程のことがない限り、これを一人の男性、一人の女性として、結婚をせずに独りで生きるということは、神々からご覧になられたとき、少しく異なるものを感ずるところでございます。

そういうように、これからのこの時代は、そういうような、秩序と調和と統一のとれた、思想、信仰というものが、現れて参ります。その方向に向けて、向かうときに、ここにそれら草ぐさを、打ち破るものがどうしても要るわけであります。それが、この異《い》なるものとしての中国や、ロシアや、北朝鮮などの役割であり、これが東と西との戦いというだけではなくして、そういうものを持ち寄ることによって、地球霊界をそのように動かすことによって、これから、地球の上に住まいする人間を、変えていこうといたしておるわけであります。

ですから、これからもうそんなに遅くなく、今世紀のこの中頃には、そういう思想がぼつぼつと出て参ります。ですからここに、戦《いく》さ事を始めて、そして、人類に大きい変化を与えようと、そういうものがあるわけであります。

もうすでに、ご理解をいただけたと思いますけれども、神々は、この地球を動かすことによって、地球に振動を与えることによって、この行が成り立つわけであります。それが人間の苦しみになることも、あるわけでありますが、それらを承知の上で、神様というのは、神々というのは、地球を使って、いわば修行をしておるわけであります。

そういうような問題と、同じことでありまして、そういう異《い》なるものを上手《うま》く使いつつ、新しい人間の生き方というものを、作り上げようといたしておるのであります。ですから、すぐに色んなことがわかって参ります。そういうような色んな神々の働きが、どのようになっておるのかということを、この地球の上にすぐに、人類に伝えようというのは、この『神界物語』であります。そうして、人間と御霊たちが、「同じ空間に生きている」、地続きであるということも、次第にわかってくるようになろうと思います。

そういうような、壮大な哲学の中にあるのが。この「ハルミ神学」でございます。ハルミの神様の学問であります。「ハルミ神学」が正しく打ち建てられるとき、人間は、この地球の上に立ち、学問をしながら、人草のために働くと同時に、そしてまた、「あの世」の世界をも知ることともなり、そこに正しく大地を踏みながら、立つことができる。そうして、そういう人たちが、人間を救うことができるようになって参ります。いわば、そういうような地球の上の振動を、幽世の世界を眺めながら人間に自覚を与え、地球霊界に生まれ、そして修行をする、その意味を悟らせることにもなるわけであります。

それが神々の修行でもあり、また、御霊たちが修行として、この地球の上に肉体を持って現れる。そして、苦難の中に肉体を与えられた御霊が、苦難の中に生活をすることによって、また修行をする。そういう、修行と修行との、この、修行と修行との、この「なしあい」をしながら生活をするのです。神様の修行であり、人間も修行であるという、そういう修行をしあう道場が、この人間霊界でございます。地球という霊界でございます。

どうか、遠くを見ながら、この地球霊界というものをご覧になってください。その中において、天皇家の存在というものは、絶対に欠かすことのできない問題であります。それを真澄洞は、陰でお祈りし、護らねばなりません。これも「ハルミ神学」の中にある問題でございます。

「ハルミ神学」とは、この、太陽系全体の中において、秩序と調和と統一のとれた世界を、如何にして、造り上げて行くのか。その全てを含んだところの、霊学でございます。一つの人間の生まれ変わりが、どうのこうのという、そういうような細かい問題ではございません。それらは、ほんの些細なことでございましょう。

少し話が長くなりましたけれども、丁度いい時になりましたので、ヒイラギ嬉しく、言葉を運んでしまいました。謹んで、御礼を申し上げて、終わりといたします。

（令和三年十二月三日、アキヒイラギノ命年大祭）

（二）この「はじめに」は正一位アキヒイラギノ命のお言葉です。生前は作曲家として過され、生活感のある、地に足のついたお話をなされます。

明神さまより、大神様の御心の裡を読み解いていただきました。地球霊界の住人としての人間の生きる心得をお聞きしました。

本書には多くの大神様からのお言葉は、そのままに掲載してあります。しかし、読み易くするために、助詞を加えたり、句読点などに若干の手を加えてあります。また、お言葉を補うために［　］内に入れてありますが、区別をつけてあります。不思議と思われます方々も大勢おいでることと思いますが、神々の御心の内をご推察願えればと存じ上げます。

今回も、特別な場合を除き、すべてタネオの大神様のお言葉です。【第一巻】、【第二巻】でもそうでしたが、タネオの大神様のお言葉をそのままに記すと、やはりわかり難いところがあると思います。大神様は、それらを自分の言葉に直しなさいと申されますので、大神様のお言葉に手を入れることは、まことに恐れ多いことですが、そのようにいたしました。

〈巻六〉は、「十言神呪」第四の組立ての話が主たるものです。第三の組立てと密接に関連します。二つの組立ての奥深いことがわかります。

〈巻七〉は、「浮いた世界」の話です。恐らく人草の知ることのなかった世界であると思います。これは令和二年の夏のご講義ですが、本年令和四年夏の五十回にわたるご講義はほとんどこの話でした。数年後に、公にできることを願っています。

〈巻八〉は、槵触《くしふる》の大仙人をはじめ、仙人からのご講義でした。こうして仙人がお越しになられることは珍しいことです。男仙人、女仙人からの修行の様子などのご講義をいただきました。

(三) 本書『神界物語』を通して流れる大きい一つのテーマとなっているものが、「肉の衣」ということです。このことに注目をしながら、読み進んでください。【第一巻】の「はじめに」において、肉体と霊体とは連続していることを記しましたが、それに続くものです。

石黒　豊信

目次

令和二年七月二十一日、八月二日より令和二年八月七日

【巻六】第四の組立て

一、事前の準備

今夏の行が自宅に決まったので、エネルギーを浪費してはならないと思い、「祭典」においてお言葉をいただくことを控えていた。しかし、行についての詳細はお聞きしていなかったので、月例祭においてお尋ねをした。そのことに対するタネオの命のお答えです。

〈タネオの命〉のお言葉

吾れは、タネオの命です。吾れはタネオの命です。

汝、久しぶりです。御霊《たま》が、いよいよ光り輝いています。この姿を重ねて明年を迎えなさい。更なる飛躍のときで、さまざまな開眼のときを迎えます。

ところで、この八月の行《わざ》はいつもの様にします。穀断ちて二日目から導きをします。このたびはすべて私が講義をする予定です。

第四の組立て

今回の講義の内容は、「第四の組立て」における神々の世界、また、御霊たちの世界について縷々《るる》と述べます。これは明年に続きます。

すでに「第三の組立て」における、神々の世界、また、御霊たちの世界のことについては述べましたが、この「第四の組立て」においては、少しその様相が変わります。すなわちこれは、人種《ひとだね》、すなわち、人間の構造の上に大きい関係をもつものです。したがって、種々の肉体を癒すその原理は、ここにあるのです。

そして、その人間の外には、人間霊界の世界、また神々の世界があります。人間はこの神々の世界とどのように結びつくのであろうか。

さらに、奇しびのワザなどについて、草ぐさに伝えます。私は、伝えることを喜びとします。

最初に大神様のお言葉を伝えます。

汝《な》が、さらに御霊《みたま》を磨くことを願っています。［終］

ということで、今回の行は住江大神《すみのえのおおかみ》、大国主命《おおくにぬしのみこと》と、正一位廣池《ひろいけ》博士のお言葉を除き、すべてタネオの大神様のご講義です。大神様の後にご降臨された特別な場合を除いて、タネオの大神様よりご講義を賜ったところは、私自身の言葉にしてあります。

二、大神様のお言葉

〈住江大神〉のお言葉

吾れは住江大神なり。吾れ住江大神なり。

汝、真澄洞貴照彦《しんちょうどう》、吾れら真澄神《ますみがみ》たちの導きのまにまに、真澄神を斎《いつ》きまつらんずの真澄洞を引き継ぎてあるは、まことに殊勝《しゅしょう》なるかな。これ、真澄神たちを斎きまつらんずは、真澄洞の「使命《さだめ》」なり。すなわち、使命のまことに貴く、しかも貴重なるはすでに知るところなり。

当洞の使命

されども、草ぐさの秘法、秘伝が、さらに真澄洞の上にくだされんず。それらの草ぐさの法《わざ》を持ちて、日本《ひのもと》を統べる「竹の園生」のスメラミコトを誘なうべしや。すなわち、真澄洞の使命《さだめ》は、「紫《むらさき》のスメラミコト」を造らんずがためなり。

すでに汝が師、明寶彦に下せしが如くに、「紫のスメラミコト」を畏くも誕生させざれば、これ日本のみならず地球《ちだま》の上、秩序と調和と統一のとれた御世に至ることあらざるなり。

汝、その使命を受けて、いよよスメラミコトを導くの長《おさ》となりて、天津神々、真澄の神々たちの「願ぎ事」を成就すべし。

汝、これの大年――令和二年――、ナナヤの宮にて目会う手筈とあらんずも、これ地球の上に大いなる災いあれば、明年の事と相成らんずや。

汝、輝くのその体《からだ》、紫の光り輝くの透明なる体、霊体とこそならんずや。

汝いよよタネオの命より、草ぐさの法《わざ》を授かるべしや。

吾れ嬉し。吾れ嬉しや。[終]

〈タネオの命〉のお言葉

吾れは、タネオの命です。タネオの命です。

畏くも住江大神の詔を運びました。

汝、我ら真澄神たちの大いなる担い手として、この現世《うつしよ》に正位の神として、民草をはじめ、竹の園生を導きなさい。[終]

休息ののち、続いて賜りました。

〈大国主命〉のお言葉

吾れは、大国主命なり。吾れは、大国主命なり。

吾れ嬉しや。真澄洞《ますみのほら》、貴照彦。こたびの行《わざ》の数々、変更のあるは、これらなべて吾れ大国主の不徳のいたすところなり。天津神々の地球《ちだま》に対し心痛めしことの数々、あればなり。

吾れ、これの現世《うつしよ》に、青人草を救わんずと多くの御子《みこ》たちを差し遣《つか》わしたれども、その道を外《はず》す者ばかりなり。吾れ心痛みて、日々を送らんずや。

されども、汝貴照彦を、吾が宮にあげるべしとの「上津彼方《うわつかなた》よりの」大詔、度々にあれども、吾れ大国主、その印可をくだすこと非ずや。

汝、いよよ輝きて、その道を突き進まんずを嬉しく嘉《よみ》すなり。しかして、これの葉月、吾れ目もじし、汝に伝へんずこと多《さわ》にありて、待ち望みてありしも、吾が不徳によりて、明年となりぬや。

汝、畏くもタネオの命に、ひたすらに服《まつ》ろうべしや。ことに汝、その「肉の衣」を正しく、元《もと》に整へんずの奇しき行《わざ》を賜るべしや。その時、最後の秘《ひ》しことを、吾れ再び、くだりて伝へんずや。

汝、日の本、人草たちの上に立ち、その光り照らして大御宝たちとなすべしや。しかして、おのもおのも、これの現世《うつしよ》に生まれ落ちたる、使命《さだめ》をなすべしと、導くべしや。大いなる大御宝たちの、多《さわ》に繁栄するの、弥栄幾寿と導くべしや。

汝、明年、吾が許来《もと》たるは容易《やす》きことと思ひてあれや。正位の神々また、龍神《たつみがみ》たちの誘なわんずや。吾れ嬉し。吾れ嬉し。[終]

〈タネオの命〉のお言葉

吾れは、五大之命です。吾れは五大之命です。

今、畏くもナナヤ大神である大国主命の大詔を運びました。

これは昨年に、ナナヤの宮において神々に発せられました詔の一部です。ここに伝えましたけれども、悲しみのナナヤ大神のお言葉でした。

神様と向き合うことは、大きいエネルギーが要るものです。このエネルギーの補充には、行の始まる前に、ご神前にお供えをしてある御神酒を一口賜ると良い。

いよいよこれより講義に入って参ります。［終］

三、十言神呪「第四の組立て」

「第五の組立て」


いよいよタネオの大神様のご講義が始まります。

これより述べますのは、「十言神呪」の「第四の組立て」のことです。

ところで、先に著した『十言神呪』において、十言神呪の「第三の組立て」を変形したものを、「第五の組立て」として入れました。これをそのまま「第五の組立て」として使います。

これからは、「第四の組立て」を「第四」として、「組立て」を省略することもあります。

これより、「第四の組立て」を縷々と説明しますが、「第四」と「第五」を重ね合わせ考えるとき、ここに「第三」と「第四」とが、さらに強く結びつくことになります。これは単なる言葉の遊びや思想などでなく、正しい実体を示すものです。

人の「使命」は「フタ」に鎮められている

ここに述べることは、間違うことなく実行しなさい。

人の道に、「使命《さだめ》」、すなわち「性」のあることは、中国哲学の示すところです。

人はおのおのに使命、性を与えられて、この現世《うつしよ》に誕生するのです。この使命の授かっていない人はありません。これは人種の最も深いところの「一霊」すなわち、「フタ」の中に鎮められているのです。

「フタ」はみずからの力で輝き出すことはない

この「フタ」、すなわち、「一霊」は、自分の力で輝き出すことはないのです。その周りにある「四魂」の上に懸かる「ミヨ」の働きによって、「フタ」が輝き出すのです。

ここには、「ミヨ」と「フタ」とが互いにせめぎ合い、切磋琢磨しあっているのです。まさに、雛《とり》の誕生は、卵の中より口先にてその殻を割り、かつは外よりその卵を温めて割れるように協力をするからです。いいかえると、「卒啄《そくたつ》」によるのです。

このように「ミヨ」の精進と「フタ」の輝きによります。「フタ」より伝えられた使命を「ミヨ」が受け、その共働きによって、人間は現世において、その方向に動き出すのです。

「ミヨ」を動かすは信仰の力

「ミヨ」は血筋の上にあたる御霊がほとんどです。しかし、一柱一柱にその働きが異なっているものです。ですから、人間の働きは、それらの「ミヨ」の異なる働きを合わせたものです。しかしそれぞれに、使命を果すことにより、「ミヨ」を輝かそうとしています。

ここで、「ミヨ」を正しく働かすには、信仰によります。その信仰にも色々とあります。また、「誠の道」を進む者があります。「人の道」に犠牲となる者もいます。大きい災難を受ける者もいます。このように、おのおの人間によって違いのあるものです。

「イツ」の働き

ここに、どうしても「フタ」を輝かさなければならないとして、「イツ」が送られることがあります。このことはすでに伝えているところですが、「イツ」は、「フタ」または「ミヨ」の上に大きい力を発揮します。

また、ご先祖の明魂が「ミヨ」となることもあり、「イツ」となることもあるのです。

「肉の衣」は「ミヨ」の砥石

人草の中の一霊四魂は、その本来の使命を発揮するようになっているのです。しかし、人草は「肉の衣」を着ていますので、その肉体の喜びのままに生活をしていると、人と人との間に諸々の摩擦を生じ、互いに犬猿の仲を作るのです。また、自分の牙城を築き、大きい力を欲しいままに行います。これは人草の「肉の衣」を持つことの避けることのできない定めです。

ここに、「肉の衣」に克《かつ》ように、「ミヨ」の働きがなければなりません。すなわちこれが、「肉の衣」は「ミヨ」の砥石となるのです。

人草の中には、一つの宇宙を造るような大きい結びつきの世界があるのです。組織だった世界があるのです。これらについて草ぐさに、これから述べることになります。

「第四の組立て」を述べますが、この組立てには「肉の衣」を癒し、整え、さらには、その影響を限りなく消そうとする法《わざ》の数々が秘められています。この秘法によって、師匠の明寶彦先生のように仙人となることができるといいます。そのために、櫛触《くしふる》の大仙人がお越しになられると申されます。

「フタ」と「ミヨ」

この人草の「肉の衣」の中には、一霊四魂という偉大な御霊が鎮まっています。その中における「フタ」「ミヨ」「イツ」などの働きについて、簡略に述べました。

この「フタ」の中には、畏き天照大御神の「別《わ》け御霊《みたま》」ではありませんが、草ぐさの天津神の「別け御霊」が鎮まっていることは述べました。この天津神の「別け御霊」は、まことに奇すしくあり、また数多くあり、万物《よろずのもの》すべてに、等しく分け与えられているものです。「別け御霊」は、人、動物、植物など、また岩石《がんせき》とそれぞれに異なることは当然のことです。

また、「ミヨ」の授かります。人草は縁《ゆかり》の御霊の三柱または四柱を迎えます。しかし、ほぼすべてその血筋の上のものです。動物には、「ミヨ」の授からないものもあり、また一柱のものもあり、二柱のものもあります。動物は「動物のミヨ」です。

大きい木、大木《たいぼく》には、その「樹木の聖霊」が宿ります。樹木の「ミヨ」です。ところで、この樹木には人草の御霊の修行があって、御霊が鎮まることがあります。

またこの樹木に、龍神《たつみかみ》の鎮まることもあります。龍神は長い鎮魂《ちんこん》をなさっておられるます。ここに数十年また、百年と鎮魂があるのです。また、黙するの行があります。

神々の「別け御霊」

国津神の「別け御霊」は、また、奇すしき樹木の上や、動物の上にもあります。さらに、岩石、ことに大きい岩には、天津神や国津神の「別け御霊」が鎮まっているものです。

これらの奇すしき天津神や国津神の「別け御霊」は、「フタ」として入ります。

このようにして、地球《ちだま》の上には、天津神や国津神の「別け御霊」、また草ぐさの「ミヨ」たちがあり、それぞれに鎮魂《たましずめ》を行っているのです。これは、数万年にわたります。それら植物また動物は、その年月と共に少しずつ育つのです。しかしながら、育つということはまことに微妙なことです。大きく育つのは人種と動物の「ミヨ」です。

ここに万物について、「フタ」「ミヨ」につい述べました。いよいよここに、その光、大いなる光を求めて歩むのです。

「福石」と「方石」

ここで師匠の門田先生より教えていただいたことを述べます。

真澄大神をお迎えする前に、先生に「神籠石《かごめいし》」を謹製していただきました。この「神籠石」は、転居が多く鎮める場所を見つけることができぬままに、当洞のご神殿の両脇に今でも置いてあります。先生のご指示です。

以来私は、「神籠石」など、「石」について興味をもち、あちこちの霊的な所を訪ねては小さい石をいただいて来ます。自分で謹製することもできるようになりました。

ヨーロッパ旅行をしたとき、有名な教会やニュートンの学んだ「トリニティ・カレッジ」を訪ねて小石をいただいてきました。塩水で清めた二十個ほどの石を小さい箱に入れてありました。門田先生に見ていただきました。石を手に取り眺めるだけで「〇〇の神様」と、即座にお答えがありました。日本の大神様のお名前です。残しておいた方がいいよといわれ、ご神殿の下に今でも置いてあります。一つひとつにご神名を記してありましたが、それはいつの間にか無くなりました。遥か昔のことでご神名を間違えてはなりませんので、ここにはあえてご神名は記しません。

余計なことかもしれませんが、少し記します。石は、三日三晩塩水に浸し、三日三晩真水に浸すことで祓いが完了します。石が水の上に出ることがないように、たっぷりの塩水や真水に浸します。また、日数を長く浸すことは大丈夫です。

それでも「神籠石」になっているかどうかわかりませんので、ご神殿の下に置き、出来上がりを待ちます。掌を当てると、暖かくもあり、冷たくも感じると、出来上がりです。「護身用」のお守りにもなります。また、暖かい方が「福石」、冷たい方が「方石」です。「福石」と「方石」は、家の護りに使います。「方石」は表鬼門に、「福石」は裏鬼門に鎮めます。

この「神籠石」をお守りにいただける神社があります。出雲の『日御崎神社』です。門田先生と参拝したときに教えていただきました。

四、「す」と「す」

「す」と「す」の関係

人間の中の「す」と神様の「す」とのことを述べます。

この二つの「す」は共鳴し合うのですが、その構造的なことを述べます。神様は、このことをよく話されるのですが、最初は理解できませんでした。そのわけは、神様の「す」は「十言神呪」の「第三の組立て」の中にあり、人間の中の「す」は「第四の組立て」の中にあるからです。

しかし、「第三」と「第四」の二つの組立ては、合体して考えねばならないことが、次第にわかってきました。

【「十言神呪」組立て第三と第四の対応】

表裏対応		第三			第四
	あ	顕字観法		あ	本末
	ま	誠字観法		ま	学問
表	て	用字観法		て	生存競争
	ら	動字観法		ら	本能
	す	統字観法	←→	す	最高品性
	お	大字観法	共鳴	お	義務先行
	ほ	小字観法		ほ	人心開発
裏	み	三字観法		み	伝統
	か	幽字観法		か	神
	みぃ	体字観法		みぃ	自我没却

「フタ」の中に隠されている「使命」

人草のおのおのもには、現世に生まれ落ちる際に与えられた「使命《しめい》」があります。この使命は如何にして与えられるのでしょうか。使命のことを「定め」、また、「使命《さだめ》」と表現することもあります。

その使命は、天津神の「別け御霊」である「フタ」の中に、隠されているわけではありませんが、与えられているのです。

このことは、地球の上において生業《なりわい》をする者にとって、まことに不可思議なことです。これは、あたかもこの地球《ちだま》の上の生き物である人草が、まさに天津神の操り人形のように思われるかもしれませんが、そうではないのです。

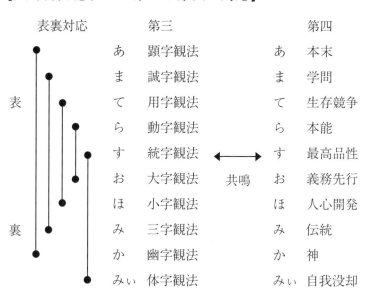

先に伝えましたが、これは「フタ」に授かった天津神の「別け御霊」の仕事なのです。その「フタ」に与えられた使命《さだめ》を、つつがなく行わせることは、それが天津神の御霊自身の向上につながることになるのです。

すなわち、人草の進化向上をさせようとすることは、天津神を進化向上させることと同じことであるのです。

しかし、その人草の中に埋められた「使命」は、畏くも大国主命の御依差しのままに行われていることでもあるのです。この地球の上に秩序と調和と統一のとれた世界がもたらされることは、大国主命の使命であるのです。

遅れましたが、「フタ」の説明をしておきます。「フタ」というのは、仏教的に表現すれば「仏性《ぶっしょう》」のことです。神道的には「一霊」「直日」「直霊」のことですが、当洞では「フタ」とも称します。

この「仏性」すなわち、「フタ」を如何にして耀かすのかは、人間としての実に重大な行であるのです。

本書では、その正体をはっきりと述べ、説明をし、その磨き方を述べようとしています。

「フタ」の中の「す」、天之御中主命の御許の「す」

しかし、人草の「使命」は、大国主命の御依差しのままに行われているといいながらも、天津神にまったく責任がないというわけではありません。

天津神の進化向上のあまりにも遅々たるときは、畏くも上津彼方の朝廷より大詔がくだされることがあるのです。

その大詔の下されるところは、人草の中の「フタ」の奥に鎮まっている「す」に対してです。また、「す」は、天之御中主命の御許にもあるのです。

この「す」は、電波の発信機でもあり、また、受信機でもあるのです。

人草が、現象界に存在することができるのは、畏くも「す」、すなわち、天之御中主命よりの大詔があるからです。

「す」は、万物《よろずのもの》に備わっています。宇宙の中心より発せられた霊波の「す」は、万物に届くものです。このことを、「す」の都より発せられた、という表現をします。

人草の最も奥には「す」が鎮まっています。この「す」からは奇しびの霊波が発せられてあり、おのものの霊波は、また宇宙の中心にまで響くものであるのです。

しかしながら、人草の中の「す」は響くことがなく、上津彼方の「す」に応える者がいなくなって来たのです。神々の憂いがここにもあるのです。

百年に一度あるかないかの大勅命

こたびの「トウミラ」——膨張、遠心力——にあっては、まさに上津彼方のその上にある天之御中主朝廷よりの大勅命《ちょくめい》がさがったのです。このことは、百年に一度あるかないかといわれる大勅命です。

そのことが現れたのは、このたびの新型のコロナウイルスの蔓延となり、地球《ちだま》の上の各地に自然災害をもたらし、さらにはいよよ国々の軋轢《あつれき》によって、国々の摩擦によって戦火を交えることなのです。まことにやむを得ないことです。

それ故に、先に伝えましたように、明神《あけつみかみ》たちは、自身の修行の場として天地の自然界に——人間から見れば——僻事《ひがごと》を運んでいるのです。

これは、二酸化炭素の排出によって地球上の環境の汚れているというのは、「目暗だまし」の現象です。すなわち、このことは明神たちまた、龍神《たつみかみ》たちが、箒《ほうき》を持って一掃すれば何事もないものといわれます。しかしここに、そのままにして「目暗だまし」を与えているのです。

いよいよここに大きい僻事が起こるでしょう。その源《みなもと》を知らなければなりません。これはまた、一方において、御霊たちの浄《きよ》まらないことを考えて、行っていることことなのです。地球霊界の上は、清々しくあらねばなりません。

上津彼方よりの「す」とは

この地球のような惑星は、銀河系の中に「億」とありますが、神々の楽しみを失う日があるとするならば、このことをそのままにさせてはならないのです。「天理教」の教祖の宣るように「神々の陽気暮らし」のために地球の上に人を造ったとあるのは、まことのことなのです。

人草の「す」と上津彼方の「す」とのことを話しました。

ところで、上津彼方の「す」は、人草の上に一体どのような詔を送っているのでしょうか。まことに奇すしき詔です。人草たちに、「その『肉の衣』を薄くしなさい」という詔なのです。すなわち、「肉の衣」――簡単にいえば肉体のことです――は、動物の肉を食べることによって厚くなるのです。

「肉の衣」を薄くする自然食品の開発

先に、畏くも飛鳥大人が、『横浜洗心洞』において、「肉の衣」を薄くするような自然食品を開発すべし」と言われたことがありますが、それはこのことなのです。

人草たちは「肉の衣」を薄くするとき、人草の上に懸かる「ミヨ」の働きが大きくなり、活動が大きくなり、より大きな修行をすることができるのです。ここに、「ミヨ」とは御霊のことですが、清々しくなってゆくのです。

人草は、まだ気が付いていないのです。人草たちは「肉の衣」を厚くすると、「肉の衣」の影響は「ミヨ」の働きの上に影響を与えるのです。「ミヨ」の動きは鈍くなり、「ミヨ」の修行が、「肉の衣」の貪欲さによって穢《けが》されるのです。そうして、「ミヨ」の御霊は交替ののち、さらに暗い世界に向かうことになるのです。

ここにその御霊たちの住む世界を眺めてみると、上津彼方の「定め」が如何に行われていないのかを、一目瞭然に判断することができます。「定め」が行われないのは、まことに悲しいことであるのです。

したがって、暗い世界に住む御霊は、明るい世界へ誘うはずの「法絲《ほうし》」に辿り着いても、自身の重みによって「法絲」はズタズタに切れ、落下するのです。これは、御霊の重いが故なのです。

「す」のもたらすエネルギー

さらに、「す」と「す」の響き合いのことを述べます。

「す」の詔は「フタ」の中に入り、「フタ」の神々の働きを増すのです。活発にさせるのは、「す」の働きであるのです。上津彼方から注がれる「す」は、エネルギーを持ち、「フタ」の中の神々の御許に注がれるのです。

これは、「十言神呪」の「第五の組立て」における、「フタ」の働きであるのです。

しかしここに、「フタ」の中の神々の働きは、今伝えたように「肉の衣」が厚くなれば「ミヨ」の働きも悪くなり、神々も働くことができなくなるのです。

ここに、「肉の衣」の働きを、その心によって抑えようとするのは、「第四の組立て」の「す」、あるいは「みぃ」です。すなわち、「自我没却、神意同化」としてあるのは、まことに至言の言葉です。これは、「肉の衣」を薄くしようとする人工的な心の働きなのです。

身体を養うことではなく御霊を養うことにある

ここに、人草が、上津彼方の「す」と響き合うことができないのは、その心を失ってしまっているのであり、一つの思想となって実体を伴うことがないからです。まことに悲しことと言わざるをえません。

先に「使命」のことを「性」ともいうことを記しましたが、この「性」より来るものが「天命」ではないしょうか。人間はこのような自覚を持つことが大切ではないかと思われます。

地球の上には、何事に対しても、上津彼方の神々の御依差《みよさ》し、すなわち、導きがあり、つねに伝えられているのです。

しかしながら、次第しだいに僻事に陥るのは、人草の憐れな姿です。これは、「肉の衣」を薄く整えるとき、己の体《からだ》は一つの小宇宙となり、活躍の使命が大きく目覚めて健やかになるのですが、このことを悟ることができないためです。

今、現世《うつしよ》においては、身体に注目がゆき過ぎているのです。人草は、その身体を養うことではなく、御霊を養うことにあることを知らなければなりません。

それではいよよここに、「肉の衣」を薄く整えるとは、一体如何なる方法にあるのでしょうか。その方法は如何なるものでしょうか。これは単に、動物の肉を食べることに原因があるのではないのです。

五、一霊四魂と「肉の衣」

前回から続きます。

人草の一霊四魂の「一霊」、すなわち「フタ」の中には、あたかも受信装置ように「す」があります。

受信装置であり、かつまた送信機となるものです。これが上津彼方の「す」と反響するのです。

まさに己の中の「す」と、上津彼方の「す」は、受信機また送信機となり通信のやりとりが行われるのです。

しかしここに、「肉の衣」が厚くなり、その中の「ミヨ」の働きが十分でなくなると、連動して「フタ」の働きも弱くなります。すると、「フタ」の中の「す」の働きが衰えるのです。この「肉の衣」を厚くするのは、肉食をするからだけではないのです。

信仰の力

外国《とつくに》においては、肉食《にくじき》のところが多いのです。

この肉食を補うものは、神々に対する信仰です。信仰により、神々より大きい御力であるエネルギーを賜って、その「肉の衣」を薄く整えることができるのです。

それでは翻って日本は、外国のような肉食が多くなりましたが、これに反比例して、その信仰の力はいよよ薄くなりました。

日本は、本来は肉食の少なく、信仰の篤い国でした。スメラミコトに服《まつろ》いまつる民草でありました。しかしここに、日本は、その秩序と統一が崩れようとしているのです。

ここに、信仰の威力によって「肉の衣」を薄くすることができるのは、いったい如何なる信仰なのでしょうか。それは、真澄神に対する信仰です。すなわち、真澄神でないところの卑近な神々に対する信仰では、その力は弱いのです。

しかしここに、それぞれの宗教の違いによって、その力がどのように変わるのかなどを述べることは、置くこととします。

真澄神に対する信仰

真澄神にまつろうことによる力には強いものがあります。真澄神の力は、何故に力強いのでしょうか。それは、火に強いからです。真澄神は「火の行《わざ》」を終えているから、その威力が強いのです。それ故に、そのエネルギーをもって人草の「肉の衣」の不要なものを焼いてゆくのです。ここに、真澄神に対する信仰と、その他《ほか》の神々に対する信仰との、働きが大きく異《こと》なるのです。

霊水を賜る

この厚い「肉の衣」を消すような食物《ためつもの》はあるのでしょうか。これは、癒すものは清い水なのです。清い、エネルギーのある霊水を賜るとき、ここに、身体の「肉の衣」をますますに清々しく薄くすることができるのです。

すなわち、これはまた、信仰による力です。日毎の神仏に対するお祈りにより、お供え物としてのお水を賜るのです。ですから、信仰の力の薄いところには、その水の効果は少ないのです。

さらに、滝に打たれ、海水に入いり禊することは、これまた「肉の衣」を薄くするための大きい行《わざ》になります。

禊とは、御霊を清々しくすることにあるのではないのです。本来においては、「肉の衣」を薄くするためにあるのです。そのことによって、「ミヨ」の御霊の働きが活発となるのです。日毎にその行を行うことは、「肉の衣」にとってまことによいことです。

「肉の衣」を限りなく薄くすとき、ここに必然的に空を舞うことが自在になるのです。それは、「一霊」、すなわち「フタ」の働きによるものです。

このようにして、「フタ」は「ミヨ」と共に人草の中に鎮まり、大きい徳を造るものです。

「誠」を尽くすことは、必然的に神々を欲することになる

さらに述べますと、その「肉の衣」を整えることを考えずに、単なる「人の道」、すなわち、道徳に進むとき、その「肉の衣」はいったいどのようになるのでしょうか。

そのことによって直接に「肉の衣」が薄くなることはないのです。

しかしその者が、「人の道」を尽くし、「誠」を尽くすことによって、必然的に神々を欲することになるのです。すなわち、これは「フタ」なのです。「フタ」が神々を乞い慕う姿なのです。ここに、「肉の衣」を整えようとするものが生まれるのです。

しかし、このように「人の道」を如何に尽くしても、真なる信仰のないところには、「肉の衣」はそのままなのです。

「肉の衣」を薄くする坐禅

ここに、「肉の衣」を薄くする仏教とは、如何なるものでしょうか。

仏道においては、その最高を「坐禅」におきます。

その外《ほか》は、仏に仕える本人の御力、努力のままです。たとえ肉食をしなくても、信仰のないところにあるのです。ましてや、信仰のない仏道において、肉食をするときは、まことに憐れです。

宗教の知識に不十分ながらも

私は、師匠から行を中心として学んできましたので、色々な宗教についての知識は平凡なものです。多くの誤りもあるかもしれませんが、神様がささやかれたままに述べます。「肉の衣」という観点から見たものです。

キリスト教においてはベジタリアンの世界があり、これを良しとします。しかしここに、歴史を追うごとに、肉食により「肉の衣」を厚くすることは、戦闘的な力が現れるのです。

しかしここに、真にキリストに服《まつろ》うとき、真澄神の力が現れるのです。すなわち、住江大神の御力です。単に「アーメン」と唱え、また説法を聞くのみでは、その身は整わないのです。しかしながら、キリスト教の世界は、まことに犠牲的信仰が旺盛です。信仰と共にあるからです。これは「肉の衣」を薄くするものです。

ユダヤ教においては、キリスト教と同じです。

イスラム教は、日毎に礼拝を行っていますけれども、「肉の衣」を薄くするには弱いものです。断食月を経てもその力は弱いといいます。

ヒンズウ教は、また不思議です。その信に至る者ほど「肉の衣」が薄いのです。ここに奇すしき「ミヨ」たちが再び現れ、知力を進めるのです。これは、すべての教においても同じです。また、限りない禊があるのです。

また東南アジア、儒教圏の世界などにあっては、すなわち、「人の道」、道徳の世界にあっては、なべて戦闘的であるのです。

すべての宗教や宗派について述べることはできませんが、それぞれに同じように考えることができましょう。

一霊四魂と「肉の衣」のことをおおむねに伝えました。さらに、人の世のことを述べます。

六、人と人の結びつきの強弱

さらに少しずつ、「第四の組立て」の中の堂奥に突き進みましょう。

「す」と「す」の響き合いのこと、また一霊四魂と「肉の衣」のことを述べました。これらのことは、まことに奇しびなことであって、肉眼で見ることが叶わないものです。

縁の世界

ここに、人草と人草との関係の世界について述べます。

この人の世の現世は、人と人とがさまざまな関係を結びつつ生きているものです。しかもその関係は、あるいは水平に、あるいは上下にと草ぐさにあります。

しかしさらには、今、眼の前には居ないのですが、何かの縁《えにし》をもって「袖振り合うも他生の縁」として、思わぬところに縁のあるものです。それは、書物の中に、あるいは子弟関係より、あるいは我が子を通して、あるいは遠い所より、あるいは知人を介してよりと、縁があるものです。そこにさまざまな人間関係を持ちながら、この現世《うつしよ》を生きるのです。

まことに人と人との結びつき、あるいは結び合いほど、奇すしき縁のあるところはありません。深き縁をもって夫婦《みょうと》になることもあり、夫婦になっても別れることもあります。また、我が子と、我が孫にと、まことに奇しびなことがあるのです。

采配はナナヤ大神

これらの人と人との縁は、すべてにおいて「ナナヤ大神」すなわち、大国主命の采配にあることは、疑うことはありません。しかし、この地球の上に、如何なる人間模様を作り、人と人との出会いを作るかは、これは明神や龍神たちが運ぶことです。

すなわち、ナナヤ大神の描く思いのままに、ナナヤの宮において毎年に行われる「神諮り」において、単に明年における出来事を諮《はか》るのみならず、人と人との出会いの如何に行われるかも描くものです。それに従って、明神や龍神たちは描き、さらに正位でない明魂たちに、その役割を荷わすこととなるのです。

人と人との結びつきは、単に出会うのみにては結び付くものではないのです。そこには必ず、互いに惹かれる何かがなければ、出会っても結び付きにはならないのです。出会って、ここに再びの縁のあるのは、他生の縁によることです。

これらの深い縁をもって、人と人との結びつきが作られるのです。

さらにその中に、一つひとつの縁に強い集団があります。この集団は、多くのものがあります。例えば、入学試験において一つの学校に入学をさせる者です。これは、その学校を支配する創立者の大きい意見があるものです。また、神々への「合格祈願」などの願い事があるのです。それらの数々のことを思い、その学校での学びの者を選ぶのです。

これは、就職においても同じことです。もちろん、入学試験の選考のようなことがいつも行われるということではありません。そのような図面のもとに、人は動かされてゆくものです。

このようにして、人は何らかの集団に入り、また家族を作り、その「生」を営むのです。

霊線の上に現れる

その結びつきについて、先の拙著『十言神呪』の中において、人間には「十言神呪」の盤《ばん》が付いていることを述べました。そのおのおのの者に付いた「十言神呪」の盤によって、まさにその縁《えにし》が作られるのです。

おおむねに同じ盤であれば、結び付きが強くなります。この結び付きの弱く、あるは反発するのは、盤が異なるからです。

その様子は、糸は細いのですけれども、霊線の上にも現れるものです。霊線が引き合えば結びつき、反発すれば人も互いに反発するのです。まさにこれは、自然界において正負の電荷の起こす「電荷の法則」のままです。

ここに、一人の人間を思いましょう。人との出会いにおいて、同じような「十言神呪」の盤でないのに相互に惹き合い、相補い合う者もあります。互に相補い合うとき、その二人は大きく強い結びつきをなすか、あるいは互いに大きく反発をし合うかです。大きく反発をするときは、一時的に仲間を作っていても、その欲望のままに互いに生殺を行うようにもなるのです。

このように、その盤に色々と示されてあるのです。さらに、その盤のおのおのの言霊の一つひとつの中にも、深い浅いのあるものです。それらを感じて、互いの結びつきとなるのです。

「十言神呪」の盤は四魂を現す

人間が、現世に生きるに当たって互いに見合わすのは、「肉の衣」と「肉の衣」です。その「肉の衣」の上に「十言神呪」の盤が現れているので、瞬時に引き合うものがあり、あるいは反発するものがあります。まことに不思議なものです。

すなわち、「十言神呪」の盤は、一霊四魂のうちの四魂をそのままに現すものです。四魂の姿を、四魂の思いをそのままの姿に現すのは「十言神呪」の盤なのです。

それ故に、ここには四魂に対して「十言神呪」の盤を仲介して述べましたが、その四魂と四魂の関係によって、人と人との結びつきの強弱、また反発のあることは、明らかなことです。それらの姿を現しているのは、奇すしき「十言神呪」の盤なのです。

四魂の思いは、奇魂・幸魂・和魂・荒魂にとそれぞれにありますが、それらの上に被《かぶ》さる「ミヨ」の働きにおいて、「十言神呪」の盤が作られています。また、「ミヨ」の交替によって、その盤に変化が起きることもあります。

しかしここに、結び付きの強いのは、「十言神呪」の盤の同じもの、すなわち、四魂の互いに似たものです。四魂の互いにずれるところには、結び付きはないのです。

しかしながらここにまた、二人の四魂が互いに相補うような場合もあり、これは互いに引き合います。またこれは、互いに相補うのは、駆け落ちをしたり、相手の者のために命を失ったり、最後には相手の犠牲になることが多いのです。

ここに、互いの結びつきは、御霊の関係に深い浅いもあるのですが、互いに似たものがあれば引き合うのです。しかしながら、同じ型であっても、同じように引き合うはずであるのに、結び合うことにならないことも、またあるのです。人と人とが同じ型であっても、互いに引き合い、また反発があるのです。大きい反発とはいいませんが。互いに見合うことがあります。これら、おのおのの互いの環境を一瞬にしてみるのは四魂なのです。まことに不思議なものです。

この四魂の上に懸かる「ミヨ」に交替のあるとき、その盤の変化はどのようになるのでしょうか。これは、一つひとつの言霊によって多少の強弱の変化はありますが、大きく変化をすることはありません。

四魂のことは難しいことがありますけれども、このようにして人と人との関係を強くしたり、また弱くしたりするのです。

四魂と「十言神呪」の組立て

詳しく四魂の働きで述べましょう。ほとんどの人の盤において、特別なことがなければ、荒魂、せいぜいで和魂の働きの力が強いのです。その上の幸魂、奇魂はほとんど関係のないところに置かれます。結びつきの弱いことが多いのです。

このことは「十言神呪」の「第三」から考えると理解しやすいでしょう。人間の「肉の衣」を治めようとする一番下の段にある「て」、「お」、「ら」です。あるいはその上の段の「ほ」、「あ」までです。ここまでゆけば立派です。

これは、人間の信仰の段階が現れているものです。すなわち、人間の信仰は「十言神呪」の「第三」の下の二段までがほとんどであるからです。

一番下は「て」、「お」、「ら」ですが、人間は「肉の衣」の感覚に酔い痴れるのです。ここに荒魂が大きく働くことになります。荒魂の上には、現界の神々が被《かぶ》さっています。しかしこれは、未だに真《しん》なる愛、愛情の愛ですが、これが羽ばたくことにはならないのです。それは、「て」と「ら」の「人の道」が強すぎるのです。

さらにこのことは、「第五」の組立てを見るとはっきりします。

しかし、まことに「人の道」は奇すしくあるものです。

これが人の世を生きる「人の道」です。「肉の衣」の上には、「十言神呪」の盤、すなわち「ミヨ」の姿が現れるのです。

けれども、「肉の衣」の厚いときには、ここに感覚に痺《しび》れるような僻事が、多くあるのです。先にも述べましたように、反発があり、夫婦《ふうふ》においては離婚のことがあります。すべてこの「肉の衣」のうちに潜む、大きいことと言わざるを得ないのです。

ここに、「人の道」のことまた「肉の衣」のことについて述べました。

七、「肉の衣」を清浄にする

神様は、「吾が指し示す方角に向けて共に歩まなければならない。そこに、新たな道があるのです」と、申されます。

穢れを消す究極の法則

今回述べることは、「肉の衣」を如何にして、新たな霊体にするかです。また、新たな「ミヨ」を作り上げてゆくかです。

先に、人間は肉食をなすことにより肉体、すなわち、「肉の衣」を穢し、それが「ミヨ」にまで及び、さらには「フタ」にまで及ぶことを述べました。

一方において、その「肉の衣」を清々しくさせるには、真澄神の御稜威を賜り、その御稜威の火の力をもって、異《い》なるものを焼き尽くさねばならないと述べました。このことは、穢れた「肉の衣」の肉体を浄化する究極の法則なのです。

さらにまた、その身体《からだ》を、海に禊し、滝に打たれることを述べました。

しかしながら、「人の道」、すなわち「道徳」によっては、信仰にまで突き進むことがなければ、「肉の衣」は変わることがないことも述べました。

人の道の「誠」を尽くすことは、人草の中に眠っている「ミヨ」のみならず「フタ」の「愛」の力があるからです。そこで、この愛の力でもって相手に向かうとき、ここに、自我没却をして、仮に、人工的に自身の「肉の衣」を消してゆくとき、その心が相手に響くのです。この愛の力でもって、正しい神様である真澄神に向かうとき、おのずと「肉の衣」が薄くなってゆくのです。

己の救われる道

しかしながら、ここに示しましたように自我没却をしても、真澄神に至らない限り、その「肉の衣」に変化はないのです。また、真澄神でなく、ただ信仰を持つのみでは、真の自我没却に到ることは難しいので、「肉の衣」は変わらないのです。

この愛する力は、「第四の組立て」において中心の核を包むところに位置し、「あ」「か」、すなわち、「神の原理」として説明をしてあります。この極意は、中心の核にある「す」「みぃ」、すなわち、「自我没却の原理」であり、ただただ真澄大神に縋《すが》るのみであるのです。

この原理を理解しなければ、正しい道にはならないのです。そのことを記して喜んでいただけるのは廣池博士であると思います。

愛の言葉、慈悲の心を起こすのです。起こさなければなりません。その心は、真澄神に祈るとき、おのずと湧き出《いず》るものです。真澄神に向かって、相手の者のことを祈るのです。

ここに、己の「肉の衣」は次第に消え失せるのです。霊体と霊体とが、まさに向き合うこととなります。そして、相手の愛の心を引き出すのです。このことは一瞬に行われることですが、まことに偉大なことです。

そして、真澄神に向き合い日毎に祈り続けるとき、己の心に、ここにおのずと愛の言葉のエネルギーが蓄積されてゆくのです

「肉の衣」が消える

この事跡を古い時代の聖人に紐解くことはないのですが、古《いにしえ》の聖人といわれた方々の「肉の衣」は固いのですと、神様は申します。

あえて伝えるならば、キリストが最も「肉の衣」が薄いのです。これは、その身をもって犠牲になったことからわかる通りです。しかし、このことはまことに重大なことなのです。――また、ソクラテスではないでしょうか。――

ここに、愛を身につけるためには、真澄神を祈らねばならないと述べました。このことは、「十言神呪」の「第三の組立て」のすべての観法《みのり》にあるのです。第三の組立てにあるのです。そこに祈りまつるとき、真澄神に届き、己の「肉の衣」は一瞬にして、立ちどころに消え失せると言います。

――観法の執行の中にこの意味があることを、初めて知らされました。――

こうして、「肉の衣」は、いつでも脱ぎ捨てることが可能なのです。できることなのです。

「十言神呪」の中の「第四の組立て」において、「ミィ字」の神呪は、その奥に自我没却があると伝えました。その自我没却は、愛の輝きと結びつき、ここに「肉の衣」が消えるのです。「第三」の「ミィ字観法」も同じことです。

また、このことは、「第三」の「ミ字観法」をするとき、「正しき神が現れる」とは、その「肉の衣」を捨て去ったときであることを暗示しています。

人間にとって、「肉の衣」は重要な働きをしているものです。しかし、このことを自覚すると自覚しないとは、天と地ほどの違いがあるものです。まさに、極楽と地獄の違いです。ここに清々しい紫の世界、すなわち、極楽の世界が現れるのです。すなわちこれが、「す」の世界です。

「す」の世界

第四の組立てにおける、この「す」「みぃ」の極楽こそは、「肉の衣」を捨て去った極楽であるのです。つねに「肉の衣」を捨てて、極楽の中に、その自覚をもって神々と目会わねばなりません。

ここに、「フタ」と「ミヨ」との合するところの愛の力を述べ、さらに、極楽に浸《ひた》ることを述べました。極楽とは、「肉の衣」を捨てた世界、「肉の衣」に感覚の無く、感覚の消え尽くした世界です。そこにおのずと、真澄神たちとつながる世界があるのです。

ここに最高品性を完成した姿、自我没却をした究極の姿があるのです。

「ミ字観法」をするとき、「肉の衣」を捨て去ることができると述べました。この観法について、門田先生はいつも次のように話していました。「五感六感というものを清めることです」「視覚という点からいっても、色んな色眼鏡をかけている。角膜という眼鏡、水晶体という眼鏡、その奥に網膜という、その奥に神経という、頭脳中枢という、その眼鏡を全部外して見なければ、誠の神は現れない」「外したら必ず見える。そうじゃない。そういう心が続いておると、心を保っていると」

最後に述べますのは、私が何かの機会にいつも話していたことですが、お褒めをいただきました。「人間は、太陽に愛された存在である」ということです。これはまさに至言であり、その心持ちこそが、「フタ」と「ミヨ」との温かい愛を産み出《い》だす源《もと》となるものです。すなわち、「ア字観法」です。

「肉の衣」のことは、このように複雑にからみ合っていますが、組立てを眺めて読み解くことが重要です。

最後に、この「肉の衣」を解《ほど》くには、如何なる行《わざ》を行えば解くことができるのでしょうか。次回には、このことを述べます。すなわち、「ラ字の観法」また、「オ字の観法」です。これで「肉の衣」を解きます。すなわち、解脱といわずして何でありましょうか。

八、「肉の衣」を如何に消すか

「少しずつ清らかな体《からだ》、清々しい霊体となり、落ち着きを取り戻しています。嬉しいことです」と、タネオの命は申されます。

「ミ字観法」の極意

この肉体、すなわち、「肉の衣」を脱ぎ捨てて霊体そのものとなるときは、「ヒト」の働きは消えてしまいます。―真澄哲学に解くヒト・フタ・ミヨ・イツの「ヒト」のことです。―

ここに、その「ヒト」の影響がなくなると、霊体の全身は神々の神籬《ひもろぎ》となります。まさにその全身は、神々のみならず、仏たち、また御霊たちの声を聞くことができる体《からだ》となるのです。

そのとき、肉体における暑さ寒さをはじめすべての五感が停止し、ここに完全な霊体が出来上がるのです。

これがすなわち、「ミ字観法」の成就するときです。このことが、「ミ字観法」における最後の言葉に表されています。すなわち、「我が神の体《たい》は大宇宙なり。我は神の子なれば、我が体《たい》も大宇宙なり」です。これは神々の世界の大宇宙と、己の人間の小宇宙とが重なることです。これが、「ミ字観法」の極意なのです。

「ミ字観法」が完成し、新たに生まれ変わると、神々の姿を観、神々の声を聴き、しかして、神々との対話をなめらかにすることができるのです。

霊体を拡張する

さて、このたびの行《わざ》においては「肉の衣」を消しているので、五感・六感を超越した神々の世界にまで、霊体を拡張するための秘め事、秘鍵、法《のり》を伝えようと思います。

超越した五感・六感とは、まことに奇しびなものです。特に、六感を得るとは、国津神の世界を出《い》でて天津神の世界に入ることです。すなわち、天津神々とのやり取りのできることなのです。

このことを実現しなさい。さらに、神様は私に申します。今、日本の上にささやかな立場しか与えていないが、少しずつ立ちなさい。人草たちまた、大御宝たちの灯台として、その光《あか》りを灯さねばなりません。

「十言神呪」の組立て

ここで、「十言神呪」の組立てについて、説明をしておくと理解しやすいと思います。第三の組立てにおいて「ラ字観法」と「オ字観法」は表裏となっています。第四の組立てでは「自己保存の本能」と「義務の先行」が表裏となっています。

そして、「第三」の「オ字観法」に対応するものは、「第四」の「義務の先行」です。

	表		裏
第三の組立て	「ラ字観法」	⇔	「オ字観法」
	⇅		⇅
第四の組立て	「自己保存の本能」	⇔	「義務の先行」

「義務の先行」とは

さて、「第四」において、「肉の衣」を如何に消すことができるのでしょうか。その極意を伝えます。すでに縷々と述べて来たので、何故に「肉の衣」を消さねばならないかという理由《わけ》は要《い》らないと思います。

この人の世に生を受けて、「肉の衣」、すなわち、肉体を「自己保存の本能」の棲むところとして打ち建ててあるのは、これはまさに至言です。それ故にその裏において、「義務の先行」として肉体の働きを消そうとしているのです。

このことを、人間の頭脳に捕らわれて――頭脳の中の神経のことと――考えては、人間の真の光の現れることはありません。

人間は「肉の衣」を持って、この現世《うつしよ》を生きざるを得ないことは必然のことです。ですから、「肉の衣」を消そうとするためには、己の「肉の衣」を知ることです。その最も卑近なことは、人間の肉体の存在する構造を調べるより他《ほか》はありません。

同時にまた、この「肉の衣」を「肉の衣」として、健やかな生を送り、生活《なりわい》を豊かに送らねばなりません。その知恵を得ることはまことに大切なことです。

構造を考え生活を豊かにする方法が、「自己保存の本能」に対応する「第三」の「ラ字観法」です。その裏に、人間が人間として存在する、人格の大いに現れるところがあります。それは、「第三」の「オ字観法」です。この「オ字観法」は、今ここに述べましたように、「肉の衣」の殻を破ることにあります。第四の「義務の先行」です。

この「義務の先行」により、人格を発揚させて得た人間の権利を大事にすることは、当然です。しかし、本当の己の権利は、「肉の衣」の殻を破る、脱ぎ捨てた後《のち》に生まれるのです。

すなわち、「義務の先行」をするとは、そのことにより生まれた人間の権利を求めるものでなくして、「肉の衣」を消すことにあるのです。「肉の衣」を脱ぎ捨てて大我に生きるとき、そこに本当の人間の権利が生まれ、己の人格が輝くのです。そこに、おのおのもの権利が発揚するのです。

「義務の先行」が「オ字観法」に当ることから理解できることです。ここに「肉の衣」を消すことの始まりがあるのです。

「肉の衣」を消す究極の方法

ここに、「肉の衣」を捨てる究極の原理は、「自我没却」にあるのです。「自我没却」により己の「肉の衣」を忘れ、神様と結びつくのです。「自我没却」は裏であり、この表は「最高品性」です。表現は異なりますが、悠々たる精神状態を現しています。

「自我没却」は「第三」の「ミィ字観法」で、「最高品性」は「第三」の「ス字観法」です。人間としての完成された姿であるのです。したがって、「自我没却」が「ミィ字観法」と結びつくとき、ここに己の体《からだ》を失い、その霊体のままに生業を送ることができるのです。

しかしながら、人と人との交渉において、「肉の衣」を消したままでは、交渉はまことに難しいことです。しかし、その相手を己の砥石として、ひたすらに己の「肉の衣」を消さねばなりません。その極意は「自我没却、自己反省」です。

この自我没却自己反省を、皮相的、表面的に解釈してはなりません。「肉の衣」の上において解釈しなければなりません。すべて「肉の衣」を消すためにあることを、その基本として考えなければなりません。そこにおのずと、己の光が出《いず》るのです。この光は「ミヨ」の光です。さらに、「フタ」が輝くのです。

門田先生は、廣池先生の「モラロヂー最高道徳」の格心は「自我没却、神意同化」にあると述べられたことがあります。

「幼な帰り」

「肉の衣」は荒魂の支配するところですが、これを「十言神呪」の「第三」における現世を支配される神々が、その力を授けてくれるのです。すなわち、大国主命、少彦名命《すくなひこなのみこと》です。

この「オ字観法」の義務先行においては、すべて先頭に立って「表面的な犠牲精神」のみならず、先々にその心を尽くして己の「誠」をそこに捧げるのです。その対象に対して、美しい、汚い、嬉しい、嫌いなどの、すべての人間的な五感の感情は捨て去らねばなりません。そうしなければ、この「肉の衣」を捨て去ることにはならないのです。

その知識を、「ラ字観法」において学びます。先に「肉の衣」の構造を知るといったことです。己の心を、己を育ててくれたものに対して感謝をするとは、これは、己が「肉の衣」の幼くなること、いわば、「幼な帰り」です。

この「幼な帰り」は、現世《うつしよ》において、熟年の者たちが頭脳、肉体の衰えて、幼児のように手間のかかるようになることではありません。これは実に対照的な二つの出来事です。この「幼な帰り」によって、己を育ててくれた者たちに祈りを捧げるとき、「幼な帰り」となるのです。そのことを学ばねばなりません。

このことを、ここに挙げた大神様の御前に額づきながら実行するのです。

宗教・哲学を学ぶというは「肉の衣」を薄くすること

草ぐさの宗教、哲学を学ぶというは、ただ一人《いちにん》、己が如何に誕生し、如何にこの現世《げんぜ》に生業を送るかを考えるものです。言葉の遊びではないのです。すべて己のためにあるのです。かくして、己の「肉の衣」は次第にしだいに薄く消えゆくのです。

このようになければ、決して正しい神様につながることにはならないのです。

正一位の神様とは、「肉の衣」を消した者です。しかしながら、御霊たち、すなわち、「ミヨ」にあっては、その霊体には「肉の衣」の残渣、肉体の残りかすがあるものです。その上にかかっている業因縁は、焼かれなければならないものなのです。

さらに、この「肉の衣」のことを述べます。

九、廣池博士と門田先生

廣池博士の「十言神呪」を産む苦しみ

タネオの大神様は、「十言神呪」の「第四の組立て」について、廣池博士に草ぐさの詔を授け導かれました。「モラロヂー最高道徳」についての原理を詳細に伝えられました。

その際に、最大の問題となりましたのは、廣池博士の、その霊波に耐え得るだけのエネルギーがあるかどうかという問題でした。しかし、博士は全国各地の温泉を巡りながら、その身体を養われ、タネオの大神様の雄走りを受けられたのです。

ここに、博士のエネルギーとなりましたものは、博士の身のまわりのお世話をされた若い付き人たちのエネルギーでした。その若い人のエネルギーを、一時《いっとき》の間《あいだ》移して、霊波を受けるエネルギーとしたのです。


廣池博士のご経歴の詳細は控えますが、東京帝国大学に法学博士の学位を請求され、その決定を生死の境を彷徨《さまよ》うなかに、授与の知らせを聞きました。

しかし、将来を嘱望されながらも、名誉やすべての蔵書を投げうって「天理教」に入信され、ここに信仰心を養われました。次第に、回復を得ながらも神様に寿命のお願いを申し上げ、病苦を背負いながら全国の温泉地を巡り、大正末に「モラロヂー最高道徳」を完成されました。それを『道徳科学の論文』として江湖に問われたのでした。


ここに「モラロヂー最高道徳」は、廣池博士の卓越した頭脳により、膨大な学説として完成し日本の上に立たれました。折しも昭和に入り、まことに世相のかまびすしくある時でした。そこに、このモラロヂーの哲学に基づいて、日本の指導者たちに草ぐさの進言をされました。しかしながら、この進言の受け入れられるところは多くありませんでした。このことは、この昭和時代の上においてまことに悲しいことでした。

この「モラロヂー最高道徳」は、道徳の中に「心遣い」を組み入れたものです。すなわち、「道徳科学」として、「心遣い」の中に因果律を認めるものです。

廣池博士の報恩

ここに、「伝統の原理」として、人草が神々に対し祈りまつるとき、その中間の位置に、いわゆる「諸伝統」の位置を立てました。この思想哲学を産み出すに当たって諸々の援助を給わった方々に対する感謝など数々とあり、この位置づけについては、悩まれました。

先に述べましたように、己を育ててくれた学びの師、生活を助けてくれた方々や、家族《うからやからたち》、またその他の諸々の神々の御手《みて》になるところの万物《よろずのもの》があります。この中に己の存在があるのです。

使　命

この「十言神呪」は天津神・国津神のすべて神々の諮り事ですが、その直接の御稜威は大国主命によるのです。何事においてもすべての誕生、成就、完成は、ナナヤ大神の采配がなくしては誕生、成就、完成することはないのです。

それ故に、当洞においては、大きい建物を建てることは必要ない。まことにささやかですけれども、思想・哲学を万の人草に運べばいいのです。しかしこのことを、人工的に――人間的な誇りごと、宣伝などのことでしょうか――なすことはいけません。人の御力でもって、口から口へと広がるものであるから、その時を待たなければなりません。

私に対して告げられました。お前が、現世《げんぜ》においてなすことは、草ぐさのことを現世《うつしよ》に産み出だすことであると、自覚しなさい。そのご褒美は、この現世《うつしよ》にはないのであって、それは我々に任せなさい。

さらにまた、私の本領は、霊界に帰ってからの御霊の救済にあるのです。この救済はまことに急がれるのですが、そのことを思い止《とど》まっているのは、現世《うつしよ》にどうしても、正しい哲学・思想を産み出《い》ださんとしなければならないからなのです。

したがって、ささやかですが、この現世において精進をしなさい。現世を去る時、まことに驚きのことがありましょう。などと申されます。

「十言神呪」研究の二百年

この真澄哲学は、神界においてすでに二百年以上にわたって、哲学的思想的に造り固めて、次第に「十言神呪」として現世に降ろして、ここに誕生したものです。

廣池千九郎大人の誕生し、門田博治大人の誕生し、これらはすべてナナヤ大神の采配になることです。しかしこの「十言神呪」の根本は、これより二十一世紀、二十二世紀、さらには二十三世紀へと、変わることはありません。ここに新たに付け加わるのは、その行《ぎょう》のありようでしょう。その行にあっては、祈りと共に、食物にあることは言をまたないことです。これらのことは、次第しだいに運ばれることとです。しかしこのことは、次の世紀に入ってからのことです。

またこれらは、私の霊界における修行にまつことであると申されます。

門田先生の上津彼方でのご修行

今、師匠の明寶彦先生は、太陽神界すなわち、上津彼方において行《わざ》を修めておられます。地球《ちだま》の上に帰るのは、これが——令和二年——八月の中の日です。ここに、霊体を光り輝かした先生にお目にかかることができることになっていたのですが、このことが叶わずになりました。——新型コロナウイルスの影響で、八月の山における行において目会う予定であったが、行が中止になったのです。――

しかし、畏くも明寶彦先生の偉大なる光を賜ることによって、この光は、お前たちの業因縁を破るのです。このような、まことに偉大な光であると申します。

明寶彦先生は、秋の彼岸を終えた翌月の神無月に至り、真澄洞の上を大きく輝かします。お前は、大いなる真愛《みまない》もって学ばねばなりません。その時は、神無月の月例祭ですが、畏くも大山祇命の「年大祭」の日であり、同時に明寶彦先生の身罷られた日です。

祭典を迎えるに当っては、三日間の穀断ちをして待ちなさい。そこにおいて、明寶彦先生は大いなる哲学を伝えるでしょう。――このことは「巻九」に伝えます。――

翌日の「年大祭」においては、畏くも大山祇命は大詔を伝えるでしょう。まことに嬉しいことです。師匠と共に、「十言神呪」を大きい光となしなさい。そうすれば、明年八月の行《わざ》は、いよいよ軽く自在に行われるでしょう。

ここに奇すしきことを述べました。

最後に、「肉の衣」を落すために、如何なる法《ほう》を用いてなすか。さらに伝えます。

十、「肉の衣」を薄くする食物と禊

肉は雉の肉を食べる

「肉の衣」のことについて続けます。「肉の衣」を限りなく薄く整えようとしなければならない。その意味はすでにおわかりいただけたと思います。

逆に、「肉の衣」が厚いということは、肉体の力の大きいことです。言いかえるならば、「肉の衣」が動物に近いことを示すことです。すなわち、「肉の衣」が薄いとは、動物的影響から限りなく遠ざかることです。動物よりも美しい「肉の衣」というものです。「肉の衣」が、動物的の体《からだ》に近いか否かを、簡単なる比喩で述べました。

しかし、どのような動物と比較するかによることは、いうまでもないことです。空を飛ぶ鳥を食べることは、まことに良いことです。空を舞う鳥です。譬えるならば、「雉」です。その肉を食べることです。これはまことに貴重なことです。その他《ほか》に、「雀」などの小さい鳥も、食用になります。また、「鴨」などもあります。

いま、雉、雀、鴨の順にのべましたが、「肉の衣」の最も軽いのは、雉をもって最貴とします。最貴とは最も貴いということです。

このことは、まことに奇しき行《わざ》です。今までこのことを伝えなかったのですが、「雉鳩」があるので食べるとよいでしょう。そのとき、その「雉」の空を舞うが如き力を賜うのです。

明魂祭は雉鳩をお供え物に

したがって、御霊慰霊《みたまなごめ》の「明魂祭」には、正確には雉鳩をお供え物として使うのです。そのお供え物を食べることにより、雉鳩の持つ力のエネルギーを明魂たちが賜ることになるのです。このように慰霊祭において、鳥の肉を使うことはよいものです。

ただし、「鶏《にわとり》」は鴨と同じぐらいのものと心得ます。

このようにして、その空を舞うエネルギーを賜るのです。また、御霊たちには、その身を軽るくするように誘うのです。

明魂祭において、「雉」をお供えに使うことは、門田先生にもお聞きしていました。しかし、手に入らぬものとして、当洞では鶏をお供えにしています。

では、その他の肉は如何でしょうか。すなわち、豚や、牛、馬などの肉はお供え物にすることはありません。したがって、あまり食べない方がよいでしょう。殊に、馬の肉に至っては、です。

青魚の類は体を重くする

また、海のものは如何でしょうか。これは、おおむねに体を重くします。大きい「鯨《くじら》」のようなものは、鴨と同じです。したがってこれは、避けて、なるべく小さい魚を食べるのです。

「鮪」や「鰹」などの青魚の類は、また体を重くします。ですから、赤い色の魚を食べるのです。神々に供えするに、赤魚の鯛や、白身の魚をお供え物にするのは、このような理由があるからです。

貝類においては、海の貝、川の貝、いずれにおいても大過ありません。ですから、ここには海の実りの「蛤」、「あさり」、「サザエ」などがよいのです。

臭いのあるものは避ける

この自分の身体を養うために、食べるものによって草ぐさとなるものです。ここに「畑のもの」については、臭いのあるものを避けることも、おおむねに同じ理由です。薫りのあまりに強いものは、ご神殿を汚すことになるので避けるのです。供え物とはいたしません。

ここに最も肝要なことは、「雉」の肉のみは食べるといいのです。自在な体《からだ》を得るのに大きい力になるのです。

塩で身体を洗うことは海の禊

先に、滝に打たれ、また海に禊することは良いことだと述べました。また、毎日にできることとして、水を被ることもまことに良いことです。このときは、御塩を少し手に取って、体を手にした塩で洗うのです。一握りも要らず、小さじ一杯もあれば十分です。またこの塩は、ご神殿にお供えをしたお下りでいいのです。このお塩を賜って自分の身体を清々しくします。こうして身体《からだ》を整えますと、海の禊に近いものとなります。

さらに述べますと、滝に打たれるのは、本来であれば、清々しい地上に湧き出でた真水を用いるのです。大地より湧き出でる水は、身体の汚れを取り去るものです。その滝の高い低いは問題でないのです。

このように川の水に身体を浸すもよいのです。このときは、できる限り真澄の水、大地より生まれた水の川に浸るのがいいのです。これは、滝に打たれることと同じことです。

ここに細かいことを縷々と述べました。

「ミ字観法」が最も高貴な禊

人と人とが交わり真澄神に祈るとき、「肉の衣」が一瞬に消えることを述べました。

これは己の「誠の心」のなすものです。「誠の心」の大きい効果の現れです。しかし、「誠の心」だけでは、十分な力とはなりません。日に異に真澄神を祈らなければなりません。

またここに、住江大神を祈りまつり、「ミ字観法」を行わなければなりません。この道を高貴となします。まことに美くしく貴いことです。

「マ字観法」は鎮魂の最高

その次にあるのは、鎮魂《ちんこん》です。すなわち、御霊《みたま》を鎮めて、日に異に神々とその祈りを通わすとき、身体の「肉の衣」が薄くなってゆくのです。

このことは、格別に特異なことではないのですが、おのずと導きを得ることになります。限りなくその道を尽さねばなりません。

すなわち、鎮魂のある「マ字観法」の実行にあります。この「マ字観法」は、鎮魂の最高であるのです。

「マ字観法」から鎮魂のところをだけを取り出して執行することがあります。これを「気隠の法《くぐもり》」といいます。私は、真澄大神をお迎えする前に、この「法」を、門田先生からご指導をいただき、三年ほど実行しました。また、日々の行においてこの「気隠の法」を行うこともしばしばです。

先生は、尾関本孝《おぜきほんこう》老師につき、坐禅を正式に習っていますので足を組んでお座りになられました。私は、足を組めないのでいつも正座です。

この二つの「三字の観法」と「誠字の観法」、最高、最貴なるものと心得えます。

導きを伝える病や事故など

このように「肉の衣」を薄くする道は、限りない歩みであるのです。しかし、悟りの道に至り、正しい導きを得るのです。

さらに大きいことがあります。すなわちその者に、大きい導きを与えようとして、険しいことを与えることがあるのです。すなわち、病や事故などです。このようにして、その「肉の衣」を薄くさせようとするのです。

ここに、神々の「雄走り」が届きやすくなります。これは、神々より与えられる特別のものではありませんが、こうして正しい神々の導きを、次第しだいに得るところとなるのです。これは、「肉の衣」を薄くするための、生業の上でのことです。

不調のある者はお塩を

最後に述べますのは、己の身の上に、体《からだ》の上に草ぐさの不調を訴《うった》える者、草ぐさの不調のある者は、今述べましたように、お塩を小さじに一つ取り、身体を整えるとよいでしょう。その病めるところを丁寧にお塩で洗い清めます。お塩を丁寧に当てるのです。背中などの手に届かない場合がありますが、届く範囲でやれば十分でしょう。

これは、神々にお供えしたお塩、または海の塩を用います。人工的に作ったものでは、その効果が十分でないことはおのずと明らかなことでしょう。

これを日に異になすとき、おのずと身体は健やかとなるのです。すべての病に効果があります。すなわち、癌であっても、白血病であっても効果があります。心臓と肝臓では、丁寧にします。おのずと身体《からだ》に力が漲《みなぎ》るようになります。これは、まことに不思議な「秘法」です。言葉の上のものではないのです。

また、御神水に御塩《みしお》、御米《みよね》、神酒《みき》を入れて賜うことは、身体《からだ》の中を整えることになり、良い作法です。

また、塩を選ぶことは、このように大事なことと思わねばなりません。ところで、岩塩においては、ここに述べたようなことにはなく、人工物と海との間ぐらいのものです。

頭に対しては、お塩をそのままでなく、塩水を作っておいて頭にかけると良いでしょう。この頭の中はまことに奇すしきことがあります。湯に入り、まず塩で洗うことも良いのですが、あらかじめ塩水を作っておいても良いのです。そして、速やかにその塩を真水で洗い落とします。

ここに草ぐさのことを具体的に述べました。是非、これを行ってください。またこのことを、皆さんに伝えてあげるとよいでしょう。

今回はまことに奇すしき行《わざ》を述べました。

十一、命を支える「ヒト」

命

新たなる光と、空気と、水を賜り、命《いのち》の蘇り、ここにあることを共に嬉しく感謝をします。この現世《うつしよ》では、肉体を養うために、万物《よろずのもの》を賜ることになります。しかしまた、その肉体を支える万物にも、命のあるは当然です。それらの命を支えるためには、草ぐさの実りが必要です。

今回は、その肉体のことはひとまず置きます。「肉の衣」のことを述べましたが、未だ述べていないことがあります。それは、後《のち》において述べることになります。ここに述べることは、その命そのものについてのことです。

まことに奇すしきことですが、母親の卵子と父親の精子とが結びついて、ここに命が誕生します。卵子も精子もおのおのに生きて、ひとつの新たな命を賜ります。その命と命の結び付きが、新たな命の誕生をさせるのです。この命を授かることは、まことに奇すしい出来事であって、この命を支えるのは、大国主命の大きいお働きです。

命を支えるのは国津大神

ここに大国主命は、大きい雄走りを授けます。その雄走りを受け、さまざまな多くの国津神たちは、「別け御霊」の雄走り発して、ここに命が誕生するのです。

この誕生する命は、国津神々の「別け御霊」が入り、生まれるものです。ですから、その命を支えるのは国津神たちです。この国津神々たちの「別け御霊」のすべてを一括《ひとくく》りにして、「ヒト」と称するのです。

寿命を支える「ヒト」

この「ヒト」は、ヒト・フタ・ミヨ・イツの「ヒト」のことです。この「ヒト」は、命を与えて、その人間を育てゆくのです。しかしこれは、命を支えるのみであって、格別のことをその人間に対してなすことはありません。ただここにあるのは、その寿命のことだけです。

「ヒト」が人草に付くとき、すなわち、卵子と精子が結びつき、「ヒト」が付くとき、その寿命はおおむねに定められているのです。これは、父親と母親の命の中にあるとき、両親の「ヒト」の生き模様をそのままに引き継ぐものです。その引き継ぎさまは、母親の胎内にあるとき決まるものです。

ここにその寿命のやり取りのことは、定められているのです。国津神と国津神の交わりによって、国津神の御子「ヒト」が誕生するのです。

この新たな「ヒト」の誕生は、父親、または母親の霊系を引き継ぐところが大きいのです。ここにまったく新しい霊系を引かない「ヒト」が、運ばれることはありません。

その他は格別な使命があって、特に遣わされた「ヒト」です。この「ヒト」は、特別な使命を命ぜられて、その者の命を守ることとなります。すなわち、フタ・ミヨの働きを助けるのです。しかし、それ以上のことをなすことはありません。

このように、人草たちの「ヒト」は、家々の霊系を引いているものです。また、「ミヨ」も、その霊系を引いているのですが、まことに「ヒト」と似たところがあります。しかし、「ヒト」は、その者を如何なる生業《なりわい》をさせんか、その弥栄などにかかわることはありません。

「ヒト」の鎮まるところ

ここに「ヒト」は、その者に付いて、特別なことがない限り、終生において変わることなくその者の命の胸の鼓動を支えるのです。この「ヒト」は人草の中に鎮まる所があります。その者の丹田、心臓、または頭です。しかし、頭は少なく、おおむねに鎮まる所は、心臓です。

またその「ヒト」の鎮まる所は、年《とし》と共に移動することがあります。それは今述べた三か所です。ここにおいて、人草は「ヒト」に守られて生きるのです。

さらに、この「ヒト」はおおむねにその人草を守り、動くことはないと述べましたが、特別な使命があって、その寿命に長短の変更のあるときは、新たに変わることがあります。交替がありますが、このことはまことに少ないことです。大神等の導かれた「ミヨ」たちの働きによるのです。

天津神の「別け御霊」は「フタ」、国津神の「別け御霊」は「ヒト」

ここに、国津神の「別け御霊」は、何故に「ヒト」の上にあるのでしょうか。これは、天津神の「別け御霊」が「フタ」に鎮まっているように、国津神の「別け御霊」は、「ヒト」の上にあるのです。このことは、命を賜った者のみならず、その影響は国津神自身の上にも現れるのです。

このようにまことに不思議に、人草は造られているのです。

この人草の上には、ヒト・フタ・ミヨ・イツとありますが、このヒト・フタ・ミヨ・イツの関係は「十言神呪」の第四の組立ての中にあります。組立ての中に、ヒト・フタ・ミヨ・イツのことを調べるとよいでしょう。どのように組み込まれているのか。またここに、この組立ての深いことに気が付くでしょう。

ヒト・フタ・ミヨの働きが現れて、人草の進歩向上になります。このとき、「ヒト」の交替のあることがあります。

命は天津神のもの

ここに、新しい太陽と、新しい光と、新しい空気と、新しい水、新しい命《いのち》を賜った、これら無限にあるものは人草の上にどのような働きをするでしょうか。

これらの無限に降り注がれている御稜威、これは天津神々のものです。その天津神々の力のエネルギーを、食物《ためつもの》として生きるのはヒト・フタ・ミヨです。これらの無限に降り注がれているものは、天津神々の命と思わねばなりません。これを己の命の中に取り込むとき、ヒト・フタ・ミヨの成長となるのです。

すなわち、地の中にもぐって成長するものには、この力は少ないのです。また、地の上に這《は》いつくばりながら生活をする動物にも少ないのです。

しかし、人草のみは、這いつくばって命があるのですが、その命を必ず心して賜らねばなりません。これが、その祈りの根本です。

命につながるものは、天津神の御稜威です。この御稜威を賜って、おのもおのも向上するのです。その力は、取り込んだエネルギーはヒト・フタ・ミヨに入ります。

黙して語らない「ヒト」

ここに、人草の起こした「誠の心」は、国津神々のものです。したがってそれは、ヒト・ミヨに影響与えるものとなります。この誠は、フタとミヨの合算でもあるのです。

ここに、「ヒト」のことを述べました。まことに人草の中において、「ヒト」は黙して語らざる存在ですが、人草を導く力があるのです。

十二、「ヒト」の力

国津神の働き

続いて述べます。

このように、ヒト・フタ・ミヨの中における「ヒト」の役割があります。まことにこの「ヒト」は、黙して語らないのです。これは、国津神々の働きとしてあることです。

また一方において、国津神々は、この現世《うつしよ》の上に大きくかかわり、人草たちの「願い事」を聞き届けようとしているのです。

正位に昇ろうとする明神《あけつみかみ》たちは、草ぐさの御力を付けようと、自然現象に対して色々な働きかけをしています。これと同じように、国津神々は、人草の「願い事」のままに、人草がナナヤから与えられた使命の上に、さらにその「願い事」を実現させようと導きを行うのです。

これらのことは、国津神々が自身の修行の一つとして行うものです。異《い》なることではなくして、正しいことなのです。

相手の人間を殺めること

しかしながらここに、それらの「願い事」の上において、ただ一つ異《い》なる「願い事」があります。それは、相手の人間を殺《あや》めることです。相手を傷つけることは、如何なることであってもあってはならないことです。

もし相手を殺《あや》めることがあれば、その国津神は、神としての立場を直ちに剥奪されることになるのです。そして、さらなる世界に導かれるのです。

しかし、現世《うつしよ》にあっては、人を殺めることは多々あるものです。またここに、交通事故や思わぬ事故によって、その相手の人の命《いのち》を落とすこともあます。しかしこれらは、その定めのままにあることが多いのです。すなわち、その御霊の修行となることです。

死期を悟った御霊

ここに、その御霊たちを支えるのは「ヒト」です。この「ヒト」は、多くを語らないのですが、突然に命を奪われた者は、ここに幽《かす》かなる「幽体」を発して、幽霊の如きものを作ることがあるのです。

また、死期を悟った御霊は、その幽体のみを運ぶこともあります。少し複雑ですが、人の死は、その人草の肉体の死なのです。

ですから、「ヒト」は肉体の死と共に、直ちに消滅することはないのです。すなわち、死期を悟った人草の「ヒト」は、その幽体を幽界冥界に運んでから速やかに消滅するのです。これはあたかも神様の「雄走《おばし》り」が、その役目を果して消えるようなものです。

その人草の霊体は、「ヒト」によって運ばれて、霊体の思いのある所に運ばれることもあります。「ヒト」は、人の世の最後のところに至って、その働きを大きくするものです。

さらにまた、「ヒト」は、「ミヨ」の心に引きずられて路頭に迷うこともあります。これは、まことに離れ難きもののあるときのことです。すなわち、路頭に迷い、いつまでもその執着を取り払うことのできない御霊です。このような定めを荷う御霊の「ヒト」と知らねばなりません。

幽　霊

このように「ヒト」の動きは黙して語らずも、「ミヨ」との関係は深くあるものです。「ミヨ」と「ヒト」との離れることのできない関係において、その「ミヨ」は、ナナヤでなく、幽界冥界に向かうことがあります。

ここに、「ヒト」と一柱の「ミヨ」との合作となって幽霊を作るのです。その亡霊は、「肉の衣」を持たないのですが、肉の力が強いのです。この御霊の「ヒト」と「ミヨ」との関係の草ぐさに現れてある姿は、奇しびな出来事のままに、書物として数多く記録が残されているのです。

ここにおいても、より明るい「ミヨ」にあっては、「ヒト」との関係において、さらに行《わざ》をなすこともあるのです。これは大きい働きであって、人草の上に働くのです。ところがこれは、ナナヤにおける働きのこともありますが、定められたままに、人草にその奇跡を現さんがためにすることです。

しかし、現世に生まれて来ていないのに、「ヒト」と「ミヨ」とが結びついて、奇跡を現すようなことはありません。必ず現世《うつしよ》にある者の行うことです。

イナル御霊

すでに述べましたように、イナル御霊たちは多《さわ》にいます。これはその人種の「ミヨ」に乗りかかって悪いことをすることがあります。その悪いイナル御霊のかかる者の「ヒト」と共に、さらなる災いを起こすこともあります。

その悪事は、一言《ひとこと》に述べることはできません。あるときは佳いことをすることもありますが、その喜びに乗じて、悪事も行うのです。そのことを見破る者がいなければ、知ることができないことです。

それらの奇しびのことをなす魑魅魍魎《ちみもうりょう》の如きものは、多《さわ》にあるものです。これらは、神々の光を受けては直ちに遁走をし、その姿をくらまします。あるいは、捕えられ直ちにイナル世界に運ばれ、霊消しに遇うものもあります。神々の正しい光はイナルモノに力を与えることはありません。

幽体離脱

ここに、まことに奇すしきことですが、現世《うつしよ》の中において、「ミヨ」が、肉体と分離することがあるのです。すなわち、「幽体離脱」です。これは、その人草の持つ「肉の衣」の様子によって、いろいろに行われるのです。

しかし、ほぼすべての人草は、何らかの幽体分離を行うものです。そのことに気づかないだけです。そのことに気づくことのできる人草は、まことに徳のある者、「肉の衣」の薄い者です。

さらに、この「ミヨ」が、遠くのものを眺めることのできる遠眼鏡を持つこともあります。そこに、ご先祖のことまた、未来のことを探ろうとするのです。これらはそれぞれの御霊の徳によるものですが、大したことはありません。その人草の神様より与えられた「使命《さだめ》」のことなのです。

正しい真澄神の導きを賜り、己の道を歩む者、これを奇すしき歩みといわざるをえません。このように人の道は草ぐさにあるものです。

次回は、さらに高貴なる「第四の組立て」の「心の誠」、神の光のことについて述べましょう。

十三、「フタ」「ミヨ」と「誠」

「汝、タネオの命の御許にあることを嬉しく思います。奇すしきことが数々あるので、それらを述べます。肯《うなず》き聞きなさい」と申されます。

人草の中における「肉の衣」、またそれを支える「ヒト」のことについて、さらに草ぐさのことを述べています。

前回までに述べたことについて、少し荒々しいところもありますが、これで良しとします。後《のち》に補うことがありましょう。遠いところでなく、間もなく明らかとなります。その下地と思って、今は学んでおいてください。

「誠」、「慈悲の心」はフタの中に

さて、今回は、人草の中において中心を占める「人の心」、すなわち「誠」、「慈悲の心」について述べます。

この麗しい心が生まれ出《い》ずるところは「フタ」と「ミヨ」との合するところと述べました。しかし、さらなる源は「フタ」の中に納まっているものと思ってください。「ミヨ」の中にも心があります。しかし、ここにある心は、真なる麗しい心ではありません。その心は、おのおのの「ミヨ」に与えられた働きのものであるのです。

すると、この「フタ」の麗しい心は、何処《いずこ》において生まれたのでしょうか。これは、天津神の御稜威の他《ほか》にはありません。その天津神の御稜威が「フタ」の上に注がれて、「フタ」は力を得て働いているのです。

「誠」は究め尽くすことができない

ここに、まことに麗しい「人の誠」が誕生するのです。しかしながら、この「誠の心」は、「これが誠である。これが誠である。……」と、誠の道は尽くしても尽くしても、尽くしきれることはありません。真なる誠に至ることはありません。

したがって、誠は究め尽くすことはできないのです。このことは、まことに「人の誠」というものの不思議なところです。

かくして、「ミヨ」は、「フタ」に導かれるがままに、天津神の御稜威によってその導きを得るのです。あるいは、「ミヨ」の心に、その働きに間違ったことがあるかもしれませんが、「誠の道」を学びながら突き進むことになるのです。

「ミヨ」は、一霊四魂の四魂の上に懸《か》かっています。この四魂は、奇魂・幸魂・和魂・荒魂ですが、それらの四魂の働きはそれぞれに異なっています。したがって、人草の上に働く「ミヨ」の働きは、それらの役割が合さるのですから、真なる「人の誠」を尽くすことにはさらに難しいものがある、と言わざるを得ません。四魂の一つひとつの働きについては述べませんが、四魂の働きの異なるのをみて、肯《うべな》うことができるでしょう。

人の誠とは

しかしここに、「人の誠」とは、いったい如何なるものでしょうか。人の誠、その御稜威の源は天津神にあります。「フタ」は、天津神のものです。

誠、誠、人草たちの正しい誠、誠を出《い》だすことができれば、地球《ちだま》の上には、秩序と調和と統一のとれた麗しい世界が創られるのです。

しかし、そのような世界にはなりません。

ここに、誠なのです。すなわち、四魂の上に懸かる「ミヨ」たちは、自我、我儘を発することなく、まさに自我没却をして鎮まるとき、ここに初めて「人の誠」が現れるのです。まことに奇しびな現象なのです。

人草の誠は、一霊四魂の四魂の上に懸かる「ミヨ」のおのおのが、「自我没却、神意同化」することによるのです。

ここに、「ミヨ」たちの最大の修行があります。「ミヨ」たちは、それぞれの定められた導きを人草に与えるのですが、その心は、「自我没却、神意同化」にあるのです。そのとき人草は、真の誠を得ることができるのです。この誠こそが、相手の誠に突き入ることができるものです。これは、「肉の衣」を突き破るものです。まこと不思議なことです。このようにして、日に異に、その誠を産み出さねばなりません。

究極の誠は人草の上にはない

また、「ミヨ」の交替において、必ずしも同じ心になるとは限りませんが、その「ミヨ」が同じように心がけるとき、ここにまた新たな誠が生まれるのです。これを続けること、真《しん》なる誠を求めて限りなく続けるのです。すなわち、限りなく誠を追う心です。誠を追い求めて限りはありません。究極の誠はないのです。

究極の誠は、人草の上にはないのです。真《しん》なる誠、究極の誠は、何処にあるのでしょうか。すなわちこれは、「肉の衣」を限りなく薄くした、そのときに現れるのです。己の「肉の衣」が草ぐさの妨げをなしているのです。

さらには、その「肉の衣」を捨て去り、脱ぎ捨てて「ナナヤの宮」に帰るときなのです。幽界冥界に至っては、真なる「誠の心」はありません。ささやかであっても、誠を身に付けて、「ナナヤの宮」に入るときが、誠に入る道なのです。

その「ナナヤの宮」においても、この現世《うつしよ》と同じように、奇すしい諸々の生活があるのです。一度《ひとたび》、「肉の衣」を捨てて、「ナナヤの宮」に入れば、この生活を重ねてゆくとき、ここに誠を得《う》るのです。——あえて、生活といい、修行とは記しませんでした。——

それはすなわち、「神の心」です。真澄神の心と一体になるとき、正しい誠になるのです。真なる誠です。誠はここに生まれます。「ナナヤの宮」において、草ぐさの因縁を果して、その心身の穢れを落したときなのです。

現世《うつしよ》における話が、「ナナヤの宮」に移ったのですが、このように誠の道は険しいのです。

「誠」は人の世において学ばなければならない

しかし、この誠は、限りなく人の世において学ばなければなりません。幽界冥界に沈んだ御霊に救われる道は少ないのです。

その理由《わけ》は、「肉の衣」にあるのです。「肉の衣」の歓び、快感はそのまま御霊たちに入り、ここに肉体を通して、人草は人を愛することを知るのです。恋することを知るのです。助けることを知るのです。このようにして、人草の「ミヨ」の御霊たちは、その喜びに一瞬なりとも浸ることを得るのです。

ここにおいて、「ミヨ」たちは、「肉の衣」を通して、神々を信仰することを得《え》ることができるのです。また、学ぶことを得るのです。

地球《ちだま》の上には、数々の奇しびの学びの道があります。しかし、幽界冥界においてもあるのですが、ここにおいては、その効果は少ないのです。理由は、その身に付くことが少ないからです。

愛の源は「あ」「か」

このようにして、その愛の、大愛《だいあい》の源《もと》を示せば、これは「第四の組立て」における「あ」、「か」にあります。「第四」における「あ」と「か」、すなわち、天照大御神がこのことを荷っているのです。「第四」において「肉の衣」は最も外側にあって、組立てを覆っているのですが、これは荒魂の支配するところです。

今、「あ」と「か」のことを述べました。この愛の心、誠の心が、「肉の衣」を通して、相手に届くことを述べました。

そのとき、「肉の衣」は、一瞬に取れると述べました。それは、この誠の心は天地に通じて、天津神のもとに至り、その心が相手の心に反射して届くものだからなのです。この反射のエネルギーは、天津神のものであるので、「肉の衣」は要らないのです。すなわち、「肉の衣」を一時的に失ったことと同じになるのです。

このようにして、相手の人草に、自分の誠を伝えて、ここに新たな誠を持つ人草が誕生するのです。これは、人としてまことに麗しいことです。

次に、相手の心に、この誠の心を伝えることを、さらに述べましょう。これは「て」と「ほ」です。すなわち、少彦名命です。

十四、人と人との関係

今朝も、その身《み》は清々しく吾れに向かい、嬉しく思います。

大宇宙に対して如何なる働きをなすか

今回述べますのは、「十言神呪」の「第四の組立て」における「人と人との関係」、すなわち、己と外界との関係について述べます。

人草は、己一人で存在することはできません。己の外《そと》に人草がいます。さらに、動物、植物や、これらを支える大きい大地があります。さらにそれらを包み込む大宇宙があります。そのような大きい宇宙の中に、己が存在するのです。

ここにおいて、人草は外界に対して如何なる働きをし、作用を及ぼし、また、外界からその反作用を受けるのでしょうか。

人草は、「肉の衣」が強ければ、この大地の上に生きますが、それでは動物と同じです。ここに少し異なるのは、「肉の衣」の中に心を賜っているのです。人草は知識を蓄える能力があるのですが、「肉の衣」を保たねばならないとして、その「肉の衣」の感覚の中に酔い痴れれば、ただの人草です。

ここに人を愛し、人に真心《まごころ》を尽くさんとする心が芽生えるとき、大御宝《おおみたから》として育ってゆくのです。

「誠の心」を移す

しかし、己の感覚に酔い痴れている人草たちに対しては、「誠の心」をもってしても、その相手を打ち負かすことはできないのです。これは、「誠の心」をしても、相手の「肉の衣」を突き破ること、突き入ることができないからです。

このときに当たって、前回に述べたように、己の誠を振り絞るのです。誠を、誠を絞り出し、天津神の御心のうちに届けなければなりません。

こうして、ようやくにして、相手の心に対して誠の入り込むことができるのです。これほどに「誠の心」は弱いのです。「肉の衣」は強いので破ることが難しいのです。

人草はそれぞれ己の空間を持つ

ここに、人草と人草との関係は、人草と万物《よろずのもの》との関係は、すべてにおいて一様な空間において存在するものと思ってはならないのです。おのもおのも人草は、己に見合うところの何らかの「場」、物理学においていうような場、「空間」を作っているのです。

したがって、人草と人草との関係は、相手の人草の持つ空間と、己の持つ空間との接触の問題なのです。この空間と空間との歪みを正すのは、天津神と国津神なのです。

人草の持つ場、空間とは、人草に見えない一つの身体《からだ》、体《たい》、「肉の衣」であると思わねばなりません。この「肉の衣」を、互いに共鳴し合う、互いに響き合うところの空間としなければなりません。

これをなすのは天津日の光、太陽なのです。また、柔らかくありますが、月の光です。月の光は、太陽の光の反射です。互いにその歪んだところを正しくするのです。

握手やハグは互いの空間を共鳴させる

空間の歪みの大きい人草は、この誠を知らない者に多いのですが、これはまことに悲しいことです。これを埋めるために草ぐさのことが行われます。

その卑近なことは、握手です。また、互いにハグすることです。私はダンスのことはよく知りませんが、これなどもその一つではないかと思います。

さらには、夫婦《みょうと》とは、このような互いの異なる空間を、共鳴させることによって一つにすることなのです。

このようにして人の心は、「誠の心」を道として、「誠の心」を通して一つに纏まろうとするのです。人の心のまことに難《むつか》しいところです。

人草は「光背」を発している

人草には、おのおのもに「肉の衣」の外《そと》に、場、空間、すなわち、「目に見ることのできない衣」のあることを述べました。これは実は、仏《ほとけ》における「光背《こうはい》」なのです。後光《ごこう》です。これはすべての人草の上において発しているものなのです。

この人草の光背を観ることができるときが、遂にそこに来たと、大神様は申されます。キリストの頭上に丸い輪―光輪《こうりん》―がありますが、これが光背です。

その光背の色で、その人草の持つ「使命《さだめ》」を知ることができると申します。白く輝くものは、その人草の高貴なことです。赤に近づくほど、心の燃え立つ憎悪のものがあります。暗くなれば、その心の苦しい様子を示します。

そして、この光背が消えてしまって観えなくなるときは、その人草の寿命はありません。これは、人草に御霊の力がなくなったことを示します。人の力が弱くなったのです。

正位の神様の光背はブルーの輝き

神様は、私に正一位の神として現世《うつしょ》に生きなさいと、たびたびに申されます。正一位の明神の光背は青《ブルー》の輝きをもっているものです。そのブルーの薄い色であると申します。

したがって、その光背を観ることによって、神々は如何なる人の来たのかを観ることができるのです。高貴な色は、神社の鳥居を通って、神々の目会わないことはありません。

ここに、奇しびの光背のことを述べました。

ところでこの光背は、動物、鳥にもあるのです。しかし、ほとんど外に出ることはありません。高貴な鳥に至って少しあるものです。その色はブルーです。

真澄神の光背は白か薄紫

神々にも光背があります。真澄神は白く、また、薄紫です。さらには、透明の中に小金色の輝く、波打つような色があります。また、光背は大きいものです。

人草はその光背の中に入ることはできませんが、光背と光背が交わってその力を賜うのです。

ここで話を戻します。相手の心、「肉の衣」、また、その人草の光背を射《い》貫くのは、高貴な光なのです。神々の明るい光です。

この光背の賜るところは、すでに知っているでしょうか。さらに続けます。

十五、「光背」について

「光背」の明るさと輝きの強さ

「光背」、すなわち、後光のことについて話を続けます。

この「後光」の色については、すでに伝えましたが、さらに少し述べます。

おのおのに色がありますが、その色は明るい色をもって良しとします。また一方において、色の輝きの強いことを良しとします。ここに色の明るさと、輝きの強さを縦横の座標軸として考えます。

明るい色は振動数の高く、輝きの強さは照射の強いことを示します。

ここに、死期を迎えたような人草に色の出入りするのは、原点に近いものになります。すなわち、原点に近い色は、動植物の色です。

天津神と国津神の光背の色

この原点を中心とする、半径の大きい円を高貴とします。

これはまた、天津神と国津神によってその光背の色が異なるのです。光背の色がはっきりと見えるのは、国津神の光の色です。透明を帯びるのは天津神の光です。この光背の色の違いによって、天津神、国津神のことを知ることができるのです。このことについては、これ以上には立ち入らないことにします。

光背の色を眺める

ここに人草を導くに際しては、その人草の「肉の衣」の外に、目には観えない光のあることをよくよく心得て、導かねばなりません。

この光背の色を眺めるのは、師匠のなしたところを知らねばならないと申します。すなわち、「内縛の手」を組んで、その穴を小さくして、そこから外を観るのです。内縛をして丸い遠眼鏡を作ればいいのです。親指はその遠眼鏡をたすきに掛けます。両方の親指は交差させますが、小指は自由です。

この印でもって、秘め事をささやきます。「人の火、人の火、人の火、……」と、微かに唱えます。この「人」とは、その人草のことです。「火」とは、その人草の持つ霊的な炎のことです。霊的な「人の火」があるのです。――ここで「ひ」を火と記しましたが「霊」かもしれません――

明魂の色は黄色、土色に近く、その色は濃い色です。明魂の色もまた観ることがあります。

ここに、人草に観えない「肉の衣」のことを述べました。

信仰する神々の光背の色を多く身に付ける

さらに、奇しびのことがあります。

今、人と神々との交わりのことを少し述べました。人草が神々の御許に仕えるとき、神社に参拝にあがるとき、神々はその色を観ることは明らかです。

ここに、神々よりその神の持つ色を、その人草の光背の中に投げ入れるのです。すると、その人草の光背は、信仰する神々の光背の色を多く身に付けることになるのです。こうして、その神々とのつながりができるのです。

このように、人草の光背には、神々に仏たちに、その光背の色が付け加えられるのです。

しかし、人と人との光背が混じることはありません。光背には物質的な肉の力があるので、物と物とが交わらないのと同じ原理です。

しかし、神仏とは交わるのです。

この光背の色は、人と人の結びつきにひと役買うことになります。すなわち、同じ系統の色は引き合い、異なる系統の色は反発し合うのです。これは、物理学における電荷の引き合いと反発とは、異なっています。

光背は生活に関係ない

そこで、神社においてお祓いを受けるとき、打ち祓う神幣《かんぬさ》のさやぎによって、観えない霊体は清々しくなるのです。ここに、人草の生業の力が与えられます。

しかし、この光背は眼に観えないので、人草の上に大きく現れ、話題になるようなことはありません。また、人草の身罷りと共に光背は消えるのです。

光背のことを述べましたが、この光背は、今述べたように、平凡な普通の生活の上に影響を与えることはほとんどありません。

「て」と「ほ」

最後に、「て」と「ほ」の観法《かんぽう》のことについて述べます。

少彦名命の観法である「テ字観法」と「ホ字観法」の光は、己の上、また相手の上にかかり、その光背の歪みを正します。すなわち、光背の色を明るい世界へと導くものです。

観法を執行しても、何程の変化があるだろうかと思うかもしれませんが、執行するたびに、何程かの縁《えにし》を正し、この力は「ミヨ」のうちに入り、その輝きを増すのです。

その光背の色は、「フタ」「ミヨ」が自身で出す光と同じであると思ってはなりません。これは観法の執行により「フタ」と「ミヨ」の上に現れた光なのです。その奇すしきことは述べるに難しいことがありますが、少彦名命の御稜威を被《かぶ》っていることです。すなわち、これは雄走りがあり、日に異に御霊慰霊《みたまなごめ》のあることなのです。

いよいよ「ま」と「み」とのことを述べます。次は、住江の大神様の雄走りを運びます。

十六、自然法則の中に使命を果す

今回は、「十言神呪」第四の組立てにおける「ま」と「み」の神呪について述べます。

神々の世界より

神々の世界より、草ぐさのことが現世《うつしよ》に下《おろ》されています。まことに夥しいものがあり、まさに無数というべきです。古い時代より聖人といわれた方々のお言葉より、卑近な日用に使うような物や、いわゆるハウツウものなどまことに千差万別です。人草の気の付かないうちのことです。

文化文明を最も発達させたのは、科学技術の発達でしょう。まさにこの瞬間に、日に異にその科学技術の知識が神々の世界よりおろされているのです。

また、人草たちにその生き方を教え、人と人との交わり方、また人と神々との交わり方などまことに数々とあります。

しかし、これらの数々は地域の差、国々の差があるのです。簡単な日々に用いるものにしても、同じように国々、地域に差のあるものです。

またこれは、日に異に用いる簡単な道具を開発する者から、自然の法則を解明する者、さらには、人の生き方を解く者、政治経済の法則を解明するなどと色々にあります。

働きを荷う御霊

これらのすべては、神々より発することは明らかですが、その伝達の働きを実際に荷うのは神々の世界より派遣せられた御霊たちです。

その開発者の上にかかる御霊は、明魂たち、ご先祖の御霊たち、会社において功績のあった御霊たち、また、その道を切り開いた先人者、発見した者の御霊たち、さらにそれらの学者たちの系列につながる御霊などと、まことに多いのです。

これらの一つひとつに対して、「ナナヤの宮」における会議において、伝達の方法などが指し示されるのです。

導きを荷なう人草

ここに重要なことは、それらの行《わざ》、学説、法則などを荷なって、現世《うつしよ》に活躍をしている方々です。これは、科学技術や政治経済などのすべての分野においても同じです。これらを荷う方々はまことに選ばれた人草といわざるを得ません。これらの方々に神々への信仰のあるなしに関わらず、その上に懸かり、そのことをなさしめるのです。

しかし、信仰の深い方々は、その道においてさらに堂奥に入りましょう。またこのことは、その方の一代で終わらずに、代を重ねて行われることがあるのです。

それらのことを明魂たちがなすときは、その者たちの上にさらに「イツ」、すなわち、守護神が与えられてなすこともあります。

科学技術や政治経済、その他の長《おさ》としてある者たちにも、「イツ」が授かるものです。これらの姿はまことに麗しいものがあります。

荷う苦しみ

しかし一方において、それぞれの働きを荷う人草自身にあっては、与えられた使命を果そうと精進をするのですが、それは己の業因縁を果さんとするものでもあります。次々に交替する「ミヨ」の因縁を被《かぶ》り、業因縁を果そうとします。

こうして人草として現れ、草ぐさの関係の中に組み込まれ、苦難の中に道を拓いてゆくのです。家を興し、会社を興して、その心を何かに結び付け現世の発展に寄与するものです。

このようにさまざまな形がありますが、人の道を尽くしその道を歩むのです。あるいは、人の上に誠を尽くし、誠の中にそれらの諸々の業因縁を果そうとします。

この人草の誠は、「真の誠」に至るものではないのです。この誠の道は尽くしても尽くしても、掘っても掘っても、その心は届かないものです。これで良しと思うのは、その人草の思い違いです。ここまで来た方には理解できると思います。

ここに、歴史を鑑《かんが》み、再びにその苦難の道を歩むことがないようにとします。また、歴史の上に奇しき人物を探して、人草のモデルにしようとします。しかしながら、その先人たちと時代が異なっているので、その学ぶことは必ずしも上手《うま》くゆかないのです。

その原因が十分にわからずに恐れ伏していた百年前の感染症ですが、このたびの新型コロナウイルスのように、現在では直ちにその原因が明らかにされる時代となりました。まさに科学技術の進歩の目覚ましいものがあり、先の世と過ごし方が違って来ています。

喜びも苦しみも神々に捧げる

ここに草ぐさと、人草の生き方の上において苦労のあることを述べました。これらには、論《あげつら》うことの不可能なような多くの事柄があります。しかし、人の生き方の根源は、この命を賜り、この肉体を賜り、ここに生きているのですが、そのすべてを己の喜びとなすことです。この現世《げんぜ》において、物質的な繁栄を求めることにあるのではありません。

この繁栄は、神々の御心の内にあるのであって、神々の御心は、人草たちを現世《げんぜ》の中に楽しませ、あるいは苦しめて、御霊磨きをなそうとしているのです。

ここに幸いに一時《いっとき》の成功を納め、あるいは一時の苦しみを味わうとも、これは現世《うつしよ》の中での出来事なのです。それらすべての思いを、幽界冥界に帰ってまで、引き続けようと思うことは多々あります。しかしこれらは、すべて現世《げんぜ》での出来事なのです。現世《げんぜ》での道行きです。すべて夢幻《ゆめまぼろし》と思うのです。現世《うつしよ》にあったことです。

したがって、喜びも苦しみもそのすべてを神々に捧げます。喜び事を捧げるのみでは、神々の喜ぶところではありません。苦しみ事を癒すように依頼されただけでは、これもまた足らないのです。苦しも喜びも、共に捧げなければならないのです。

存在の原因を辿り、存在に感謝を捧げる

しかし今述べたように、今ここに己が一人立っていることができるのは、天津神々、国津神々の御稜威の賜物とひたすらに感謝を述べるのです。手に届くもの届かないもの、すべて祈りの対象となるのです。祈りの対象とならないものはありません。

ここにたとえ、己に悪いことをなす者がいても、これを受け入れるのです。悪い外国《とつくに》であっても、またこれを受け入れるのです。これらは、己の一人《いちにん》が、独り立ちをする砥石となるのです。すなわち、諸々のことは、己自身が独り立ちをするまで、これらの苦しみの「悪夢」の消えることはありません。

それ故に、己の存在の諸々の原因を辿《たど》り、その存在に感謝を捧げるのです。この一言に尽きます。これのみです。ここに、その「悪夢」は、夢喜びへと変化をするのです。

しかしこれは、夢幻の嬉しいことです。良き夢も悪い夢も一時《いっとき》です。すべて一時のことです。何事が起きても、一つの波の中に、リズムの中にあるのであれば、いずれは浮沈の淵に漂うのです。悲しいことに、「真の誠」によって造られていないからです。

自然法則の因果律

ここに、古《いにしえ》より続いている「老舗《しにせ》」といわれる多くの店舗があります。それらの家々は、また会社においても、誠を正しくし、浄めゆくとき、更なる弥栄の時が来るのです。これもまた、その中にリズムのあることです。

これらの波のようなリズムは、地球の上の現世《うつしよ》だけでなく、宇宙にわたるものです。ここに、変動があるのです。これは天地《あめつち》の中に潜んでいる自然法則、すなわち、因果律なのです。この自然法則の因果律は、すべて避けて通ることのできないものです。

ことに、現世《げんぜ》に生活をする者はまことにその影響を受けやすいのです。しかし一方において、そのことによって己の運命が好転し、あるいはここに、その業因縁を落とす者もあり、草ぐさにあるものです。

まことに人の世は、このような波があり、リズムがあるのです。己がここに立つ意味を知らねばなりません。すなわち、唯我独尊でなく、神の御許に己の御手を差し出さねばなりません。

ここに、人種の外《そと》のことをおおむねに述べました。次に、それらの自然法則、すなわち因果律を如何にして乗り切るのかをさらに述べます。

十七、自然法則の因果律、使命を覚らす

これからの三回でもって、第四の組立てについては終わることとします。

次に、新たなことを述べます。それは、この現世《うつしよ》、神々の世界と大きい世界についてのことです。また、幽界冥界などの奇しびの世界のことをさらに述べましょう。

その中において、「十言神呪」の第三、第四のそれぞれの組立てのことをさらに述べます。


宇宙のリズムと「す」、「フタ」、「ミヨ」、人草

さて、前回は、第四の組立てにおける自然法則、すなわち、因果律のことを述べました。これは人草を包む、その外《そと》の世界のあり様《よう》です。その自然法則のままに、人草は揺られているのです。人草は、まことに小さい乗り物ですけれども、宇宙のリズムの中に揺られて生きねばならないものです。

その宇宙のリズムは、おのずと人草の「フタ」の中に鎮まる「す」の中に届けれらているものです。したがって、「す」に動きがあるときは、「フタ」が働き、人草に異変が伝えられるのです。すなわち、「フタ」より「ミヨ」、人草にと伝わるのです。

このことは、「フタ」が働くと、必ず「ミヨ」に伝わるような、徳があり、誠を輝かしている者でなければできないことです。

この宇宙の法則は、現世《げんぜ》の中において、やむを得ないところのものであって、避けることができないものです。

幽世の世界にも同じように起きる

これと同じことが、幽世《かくりよ》の世界、すなわち、神界、幽界、冥界においても同じように起きるのです。これは、物理学における「磁気嵐」のようなものです。

ここに、正位の明神であっても、明神の「肉の衣」、すなわち、霊体の上に微かに変化が起きるのです。

さらに、幽界冥界における御霊たちも、わずかとはいえ「肉の衣」を持つのですが、ここに、宇宙に拡がる磁気嵐のようなものが襲い、「肉の衣」を痛めるのです。これは痛みを伴うことは少ないといいながらも、幽界冥界の者は、このことに痛むことがあるのです。これもまた、避けることができないことであるのです。

これは、太陽系における、間歇的《かんけってき》な噴火のようなものです。これに対してリズム、周期はないのです。周期のまったくないわけではありませんが、難しい計算です。

さらにこのことは、この銀河系の中においても同じことがあるのです。しかしこれは、人草の上に対する影響は、ほぼありません。

真澄大神にまつろいまつる

このように、自然法則が渦巻いているのです。現世《うつしよ》において大きい出来事であっても、幽世においては、大したことのないこともあります。

さらに、自然法則のこのときに当たって、悪いことだけではないのです。佳いことに出会うこともあるのです。

そのとき、この現世《うつしよ》を導いている人草には、佳き知恵を授かることができるのです。このときに授かるものは大きい実りです。

しかし、度々に起きるような小さい変化においては、実りも小さいものです。

おのおのもの人草に対しては、このような信賞必罰があり、神様は、現世《げんぜ》を導いておられるのです。

ここにいよよ、住江大神の導きのままに、真澄大神にまつろいまつり祈りまつるときには、大きい導きの閃《ひらめ》きがあると思わねばなりません。

真澄大神にまつろいまつって、僻事《ひがごと》があるときは、何事か心得違いがあるのであろうかと、反省するのです。ここに、来し方を眺め直すのです。するとその中に、草ぐさと映るものがあるのです。草ぐさの業因縁の渦巻くなかに、ひたすらに「肉の衣」を薄くし、神々にまつろいまつるとき、次第に嬉しいことが訪れるのです。

使命を覚らす

しかしながら、今述べたように、悪いこともあります。それはまた、己が「使命《さだめ》」を、生まれ落ちと共に授かった「使命」を果たしてこなかったからです。これは苦しいことですが、その気付きを与えているのです。

しかしここに、思い違いを正して、心の中を覗《のぞ》くとき、おのずと己の道が明らかとなるものです。

このように佳いこともあり、悪いこともあります。しかし、この佳いこと、悪いことは、己の

「肉の衣」の上の五感の中のことと思って、御霊磨きに励まねばなりません。

またここに、真澄神たちに対する信仰のない、結び付きの少ない者には、その「使命」の現れが少ないと心得ねばなりません。痛みが少ないとはいえ、与えられた「使命」が現れなければならないのです。

しかし、真澄神たちに祈るとき、その「使命」は大きく現れ、大きい痛みとなるのです。

この喜びや苦しみは、真澄神たちにつながらなければ、その「使命」の明らかに映し出されることは少なく、「使命」を果すことにはならないのです。まことに悲しいことです。

したがって、真澄神につながり、大きい善悪《ぜんあく》を、喜びと苦しみを賜う覚悟こそ、「人の道」、「誠の道」、「道徳の道」というべきです。

これは、住江大神の大いなる御法《みのり》の教えであるのです。

十八、誠の人間

いよよ今回でもって、「十言神呪」、第四の組立てのことを終わります。

次回は、正一位廣池千九郎先生、すなわち、マノミチノリの命のお言葉があります。謹んで御心のうちを賜りなさい。

住江大神の真愛

この第四の組立てのことは、今回において終わります。この第四の組立ての中の後半のことについて述べましたが、前半については、平凡なことで格別なことはありません。

しかし、前半において最も重大なことは、「マ字観法」です。すなわち、住江大神の御許より草ぐさの真理の、誠の、降《お》ろされていることです。

これは、住江大神の真愛《みまない》がなければ、人草の進歩発達向上が生じないからなのです。日本のみならず、地球《ちだま》の上の全体にわたってのことです。

もしお前が、社会科の教師であれば、世界史の歩みと共に如何なる雄走りがあり、地球《ちだま》の上の文化文明がどのように発達してきたかを述べることができるのであるが、残念なことです。しかし、その真理の伝達にあって、奇すしきとき、時期のあることは、前回に伝えた通りにあるです。と言います。

これはイタリアより起こる、人間革命、すなわち、有名な「ルネッサンス」の改革です。中世のキリスト教に覆われた時代は、まことに悲しい時代でもありましたが、必ずしもそうではありません。しかしその夢を破るのはルネッサンスです。

また次の大きな変化は、二十世紀の初頭です。

二十一世紀は進歩の停滞するときと述べましたが、今世紀の終わりに至りようやくその萌芽が現れます。ここに二十二世紀は、また発達に至ります。

これは、住江大神の大御稜威が到る所に届いているからなのです。草ぐさの高貴な教え、また、大きな導きです。

品性完成のいくつかの条件

最後に、「す」、すなわち、品性完成のされた様《さま》は先に述べましたけれども、さらにこのことを述べます。

この品性完成にいくつかの条件のあることは、すでに述べたところによって、明らかになったと思います。さらに続けて述べます。

まず第一は、前回、その前と伝えたように、真澄大神にまつろいまつって誠を捧げることです。さもなければ、人草を救わんとしても、己の誠を発揮することは、どのようにしようとしても、その誠は誠でないのです。たとえささやかであっても、その路傍に落ちた「一片」の塵《ごみ》を拾うことは、真澄神と共にあれば真《まこと》の誠になるのです。

人を導くことは偉大なことですけれども、誠を間違ってはなりません。

第二に、「肉の衣」を捨て去ることです。如何に信仰があっても、「肉の衣」が厚いときは、「ミヨ」の働きが少ないのです。すなわちこれは、己に対する意識が強いからなのです。

第三に、住江大神の下だされた、学びをなさねばなりません。これによって、身体《しんたい》が大きくなるのです。身体を大きくしなければ、すべてのものに誠が届くことはありません。すなわちこれは、「マ字観法」です。これを執行することです。学びの大切なことです。

大国主命に誠、感謝を届ける

この三つに支えられて、この上に「ら」と「お」を行うのです。これは、大国主命にその誠、感謝を届けるための祈りです。

この三つの中に、このことは存在しているのです。己《自分》の存在を支えるのは大国主命なのです。日に異にその祈りを届けなければなりません。そのご恩に報いなければなりません。それは、大国主命に対してです。

己の使命《さだめ》を悟るための道でもあるのです。感謝の心の無いところに、己の使命《さだめ》の現れることも、またありません。すなわち、「お」です。

そしてここに、「ら」です。大国主命に感謝の祈りを届けようとして、現世《うつしよ》の生業《なりわい》の上において、人草に向かうのです。すなわち、眼の前に見える万物《よろずもの》はすべて、大国主命の賜物なのです。大国主命の命《いのち》なのです。

ここに己の心は、私利私欲を出すことがあってはなりません。私利私欲は僻事です。また、人を陥《おとし》れんとすることは、また僻事です。人を殺めることがあってはなりません。

「誠の人間」の誕生

ここに五つのことを述べました。ここにいよよ「誠の人間」が誕生するのです。すなわちこれは、「す」にして、「みぃ」です。

「みぃ」は、ただ穏やかにして、すべてを捨て去り、己の動きは神々の動きであると思うのです。心に怒《いか》らず、つねに人と人とを結びつけ、平安な心、極楽の中にすべての生活をなさねばなりません。これはすなわち、体《からだ》を捨て去り、己の魂《たましい》のままに生きることなのです。

「神ここに生きるなり。神ここに為《な》したまうなり」と、神と共に生きるのです。そこに、己の計らいのあることはありません。そこに、すべの神々が現れるのです。

この姿は、釈尊の観《み》た世界です。釈迦牟尼仏、その思想は別にして、まことに無為自然、無為自在な生き方なのです。

大きい徳としなさい

以上をもって大きい徳となしなさい。こたびの行《わざ》に対して、ナナヤの宮における神々のまことに、喜び、歓《えら》ぎまつるところであるのです。

十九、明神さまのお言葉

〈正一位マノミチノリの命〉のお言葉

正一位、マノミチノリの命にございます。正一位明神《あけつみかみ》、マノミチノリの命にございます。

今回、畏くもタネオの命さまのお導きのままに、誠の心を尽くされておられますことを、私廣池千九郎、まことに嬉しくお慶びを申し上げる次第にございます。

私は、この神界に還《かえ》りましてから、私の著しました『モラロジー最高道徳』が、タネオの命さまのお導きであることを、はじめて知った次第でございます。

それまでの人生は、学者としてその身をたてて参りましたけれども、これもまた、多くの厳《イツ》の神々［廣池博士ご自身の守護神］のお導きを得まして、学問の成就したことを知った次第でございます。

しかし、最後の仕事は、私の人生の最大の仕事であり、最大の産物でございます。まことに人生というものは、不可思議な導きというものがあるものでございます。その時代の流れの中にもあり、「天理教」においてその心を学び、そして、袂《たもと》を分かつことによって、学問としての『モラロジー最高道徳』が出来上がったのでございます。この、これらの導きはすべて神々の導きであり、配材であったこともこちらに還り知ることと相なったのでござります。

今、真澄洞二代目、貴照彦、石黒豊信殿にございましても、その不思議な導きのままにこうしてありますことは、私とまことによく似ていると感ずる次第でございます。自分の本当にやりたいと思っていた方向と、異なる方向への誘いが、引き立てがあるわけでございます。まことにこれらは、生まれ持ったところの使命《さだめ》であると存じております。

本日も先程まで、縷々《るる》とタネオの大神様より、ご講義がございましたけれども、まことにそのように思う次第であります。

さてそこで、本日ここに、私廣池千九郎がさがりましたけれども、この『モラロジー最高道徳』

を、タネオの命さまより頂戴をいたしながら、それを十分に噛み砕くことができなかった。その残念でございます。廣池の知徳の足らざるところの、まことに不徳のいたすところでございます。
しかしこうして、ここに降《お》りることができましたことを、大変嬉しく思うのでございます。それは「十言神呪」として、畏くも門田博治先生と、私とが担うことになり、この現世《うつしよ》にその種を蒔《ま》いたのでございます。私が『モラロヂー最高道徳』を樹立して、そこに、ほぼ三十年の年月の差をもって、門田博治先生が、その後《あと》を荷われたわけでございます。

この組立てにつきましては、まことに不思議なものであり、私もみずから記して参りましたものに照らし合わせて、まことにその不十分なるところ、忸怩《じくじ》たる思いで考うる次第であります。
しかしこうして、門田先生と私との、この二つの道の「十言神呪」を一つに融合して、さらに発展をさせようとご精進をされておられることに、まことに敬服をいたし、尊敬をいたす次第でございます。それは、まことに私の遺した著書《もの》に対して、正しい導きを、正しい解釈をしていただきたく、ただただお願いを申し上げるばかりでございます。

私から、少しばかり申し上げますならば、この「第三の組立て」と「第四の組立て」は、その「肉の衣」を通して、速やかに行き来のできるものにございます。人間にとって、この肉体、すなわち、「肉の衣」というものが、これ程に人間の解脱の上に差し障りのあるものであるとは思いもよらぬことでございました。しかし今回の、このタネオの命さまの御導《おん》きによって、それらが縷々《るる》とご理解いただけたものと存じています。

いよいよこの「十言神呪」でもって、これからの日の本の道は、大きく進歩発展をしてゆくはずでございます。ただただ、そのことを願うばかりでござります。

私の「アコノ里」の、私の弟子たちの上にも、この「十言神呪」を行《ぎょう》ずるべく、講義を真澄洞縁の明神さま方にもお願いをして、進めておるのでございます。しかしながら、現世《うつしよ》における時代と異なり、その進歩の遅々たるものであり、現世《うつしよ》の「振《ふ》り霊《たま》」「現世における行動の癖」をかかえて生活をしておるのでございます。

これから、「十言神呪」の時代に入って参りますけれども、これからは今まで以上に、「真澄洞に対する」風当たりが強くなって参りましょう。それはまさに、キリストや孔子が苦難に遭ったが如きものにございます。しかし、もうそのことを、私が心配をすることはないと存じます。

この新たな、「十言神呪」の解説でもって、私の研究所の中においても、理解をする者が多くございましょう。しかし、それらの言葉に惑わされることなく、甘言に惑わされることなく、どうか、ご自分の姿勢をそのままに続けられることを、念願をいたします。

私の遺した『モラロヂー最高道徳』は、そのまま学問としてこの現世《うつしよ》に遺ろうと存じます。しかしそれらは、新しいこの「十言神呪」でもって、これから十年あるいは、二十年を経て、少しずつ修正されながら出来上がろうと存じます。この研究所に新たな指導者が立ちますとき、その方向と相成りましょう。そうして、真澄洞との間におきましても、わだかまりが消えて参ることと存じます。

今にわかに、目に余るようなことはございませんけれども、存在することはお感じになっておられる通りでございます。いよいよ新しい時代を導かんとする、その哲学に向かって、宗教哲学に向かって、まことに嬉しく言祝《ことほ》ぎの誉言《よごと》をたてまつる次第でございます。

折にふれて、正一位明寶彦先生にお目にかかることがございますけれども、先生のその［行の］お力の上に、ただただ敬服をいたしております。何卒よろしくお導きくださいますよう切に願うものにございます。

新しい日の本、新しい世界は、これからさまざまな変化と共に、苦難の時代を迎えますけれども、［今回のご講義は］それらに向けての新しい力になると考えております。

私の拙い喜びの言葉を伝えまして、終わりといたしますが、タネオの命さまより引き続きお言葉がございます。有り難うございました。［終］

〈タネオの命〉のお言葉

吾れは、タネオの命です。吾れはタネオの命です。

これは、吾れタネオの預かった、廣池の千九郎大人、すなわち、正一位マノミチノリの命のお言葉です。

まことに、廣池大人、これ貴照彦のなしておることの数々に、喜びと共に驚きを持っています。

今、廣池大人は、鎮魂《たましずめ》に励みつつ、来《き》たる時代に向けての新しい哲学の考察にあります。多くの日の本のみならず、外国《とつくに》の偉大な学者と共にあります。その碩学の、知識の大きいこと、これ古代より近世に至るまでお持ちであられ、偉大な学者といえども皆ひとしく驚かれ、尊敬されています。

汝がナナヤに上がりしとき、お目文字がありますが、正一位の明神の輝かしいお姿です。[終]

ここに、次回のことを述べます。草ぐさの学びをしていますが、いよいよさらに深い世界のことにつきて、少し詳細に述べます。ここまでよく、私の告りましたことを書き取ってきましたが、これよりはいよいよ十分にできるのではないかと思います。

さらに述べますことは、この「厳神祭」の大佳き日、畏くも吾が師が「檍触の郷」より来ます。さらに、不可思議なことを賜りましょう。

このたびは、ナナヤ大神の雄走りはありませんが、秋の「真澄祭」の大佳き日に賜うことになっています。その同じ日に、さらに熊野大権現の雄走りを賜ります。このたびの行の最後の日、再び、大山祇命、また、住江大神の雄走りがあります。

目出度いことです。お言葉の中にこのたびも、少し荒々しいところがありましたが、次第に整ってゆくでしょう。次第にわかってきます。

令和二年八月八日より令和二年八月十一日

【巻七】浮いた世界

一、現世の御社の映しの御社が存在する

「十言神呪」の組立てはまだ続く

ここに第四の「十言神呪」の組立てについて、詳しいことを述べました。この組立てについては、また度々にありますが、その都度に述べます。しかし、この組立てのことは明後年──令和四年──の春まで続くことになります。

明年のことは、今回の行《わざ》の最後に伝えます。すべての「十言神呪」の完成に向けて精進をしてください。「すべての」と述べましたが、その意味は次第にわかってきましょう。

『神界物語』の上梓

すでに伝えましたように、これまでに述べたことは『神界物語』として上梓しなければなりません。したがって、遅々としても整理を怠ってはなりません。またさらに、ここに述べる草ぐさの講義は、『神界物語』の上梓に当って、すべてについて自身の記述としなさい。私の言葉はいらないのですと、タネオの大神様は申されます。

実はこのタネオの大神様のお言葉に促されて、『神界物語』の上梓を決意したのです。最初から読み直し原稿を整えることに苦労しました。

ところで、この『神界物語』は、いよいよ外国《とつくに》にまで、その研究者たちによって拡がるものです。外国においても、日本においても、このような奇しきことを学ぶ者は多《さわ》にいるのです。また、外国において奇しびの道を求める方々が尋ね来て、目会うこともあります。

祭典と神々の世界

さて、この度の後半において述べることは、日本の御社《いやしろ》において執《と》り行われる神々の御祭りのことです。

その御社《いやしろ》には、中心となるご祭神《さいじん》と共に、相殿《あいとの》にお祭りをしています神々がおいでになられます。また、明神たちが多《さわ》においでます。

現世《うつしよ》においては、斎《いつ》きまつる神々に対して、ご神前にお供え物を捧げ日に異にご挨拶をします。このときは、お神酒、お米、お塩、お水です。これを「お日供《にく》」といいます。

また、月例祭《つきなみさい》や記念の日に祭典が執り行われます。

ここでは、それらの神々のことや、ご祭神に奉仕される神々のことを述べます。

これらのことは、その御社に現身《うつしみ》をもって入れば、直ちにわかることは当然です。しかしここには、その形式ではなく、その心、精神を述べます。まずおおむねのことを述べ、さらに続いて、具体的なことを述べます。

浮き上がった世界

まことに不思議なことに、この地球の表面《ちだま》がそのままに、この上空にポッカリと浮き上がったような様を呈している世界が存在するのです。まさに今住んでいるのと同じ街《まち》が、その上空に現れるのです。この上空に現れた街は、地球表面の街の映しになっているのです。

それ故に、現世《うつしよ》において地震《ない》があれば、映しの世界においてまた地震があります。現世に災いがあれば、その映しの世界においても災いがあるのです。

この街のすべてがそのままポッカリと浮き上がるのではありません。その御社《やしろ》を中心とする、その街の必要なるところが、ポッカリと浮き上がるのです。嘗《かつ》ては、大きい御社《やしろ》があったとしても、今その土地の一部を売り、小さくなった神社もあります。しかしながら、それらの所敷《ところしき》は、昔のままに上空にあるのです。これは、まことに不思議なことで、その御社《やしろ》はそのまま上にあるのです。

浮き上がった神社への参拝

ところで、現世《うつしよ》の本殿と浮き上がった御社《やしろ》の本殿とは、霊線でつながっているのです。現世《うつしよ》において御社《やしろ》を参拝する人草は、その者の霊体は、そのまま浮かんでいる御社《やしろ》の境内の上を歩み、参拝をするのです。まさに、現世《うつしよ》と浮いた世界とが同じなのです。

しかしながら、この上空にポッカリと浮かんでいる所敷は、幽界冥界、あるいは、神界とはいわないのです。これは実の世界―霊界―と、現世《うつしよ》とを強く結びつけるものであって、まことに不思議な世界です。

正月においては、新年の参拝にあがりますが、大勢の人草たちの参拝があります。また、御社の大祭においては、大勢の参拝があります。これは、上空の御社《みやしろ》においても、その形はほぼ同じです。ただ、仕え奉る神主や、巫女たちの扱いによって、上空は異なるものです。

参拝の人草の姿

ここに重大なことは、現世《うつしよ》において大勢の人草たちが参拝しますが、浮いた世界では、小さい子供や大人の霊体が参拝しているのです。実は、その霊体の身長は人草によって異なるのです。信仰のない人草の霊体は子供で、信仰のある人草の霊体は大人《おとな》なのです。

したがって、直ちにその姿を観れば、どのようなお方が参拝されておられるのか、直ちに判別が付くのです。したがって、正月の現世《うつしよ》はまことに賑々しいのですが、上空の御社《みやしろ》は、粛々と歩み混雑することはないのです。

このように、現世《うつしよ》の御社《みやしろ》は、その上空に「映しの御社」を持っているのです。そこに、現世《うつしよ》にはわからないのですが、ご祭神に祝詞《のりと》を申し上げたり、ご奉仕をされる神々、また神主、巫女《みこ》たちが大勢においでるのです。

現世《うつしよ》の御社と上空の御社と関係

ところで、現世《うつしよ》における御社の大小は、上空の御社と関係があるのですが、関係のないところもあるのです。それは、現世《うつしよ》にあって、如何なる祈りをなすかによるのです。

またこのことは、御社のみならず、、おのおのの家々においても同じことなのです。

したがって、この真澄洞の御社はまさに荘厳であるのです。お前には観ることができないので悲しいことであるが、いずれの時かわかるであろうと申されます。

家々においても同じこと

この家々の御祭りについて、その調べ事をするのは産土大神《うぶすな》のお仕事です。あるいは、その土地を治《うしは》く大きい神社のこともありますが、おおむねに産土大神です。産土大神は、それらのことを眺めては、そこに住む者、また、神祭りのことなどまことによく調べており、その台帳を作っているのです。

この上空にある浮いた世界の御社を、単にその映しと述べました。ここに、家々の神仏への信仰があれば、「火の灯り」が付くのです。これは、神、仏を単にお祭りする──形だけ置く──ことではありません。この「火」の灯らぬ家々が、まことに多いのです。

さらにこのことを述べます。

二、中間的空間、世界

中間的世界

前回の話をさらに続けましょう。

まことに奇すしきことですが、この現世《げんぜ》の上空には、幽世《かくりよ》の世界とは異なるところの、中間的世界、中間的空間が存在することです。

この世界に連なり、中有《ちゅうゆう》に鎮まる宮のあることは、後《のち》に知ることになります。

この中間的空間が存在することは、まことに不思議なことです。また、この世界を眺めることができる者──この世界を霊視する者──は、いないのです。ここは、奇しびな世界であって、人草たちの動きを知ることのできる世界なのです。

この世界には多くの明魂たちが働いておられます。おのおのの人草たちに「願い事」があれば、その願い事を直ちに運び、伝達し、その願いのままに執り行なっているのです。

しかしながらこれは、そのことが聞き入れられたとしても、そのことを行うに際して、難しいこともまた多くあります。神々、また明魂たちは、その奉仕に当たっていても、寿命の尽きた者、また、それが「使命《さだめ》」である者――その苦難が本人に与えられた使命である――など多くあります。

この世界は、「ナナヤの宮」における計画《はかりごと》の決定されたことを、実際に行わんとする世界であるのです。この「使命」のことがあるので、この世界においてその願い事が行われないこともあるのです。

「現世」の「映し鏡」

今、述べたように、この世界においても現世《うつしよ》と同じように、諸々の自然の働きがそのままにあるのです。地震の災い、自然現象による苦しみの災い、また、諸々の事故のこと、事件のことがあるのです。まさにそれらの出来事は、現世そのままなのです。この世界と現世とは、「映し鏡」となっているのです。

少し前に、家々における信仰の光は、その家々の頭上において、神仏の「火の灯る」ことを述べました。ここに、その神仏に祈る合掌はそのままに、その上空に浮いている御社《やしろ》における合掌となるのです。

また、家々の御社における誉言は、上空に浮いている家々の御社より、まさに電波となってそれぞれの神々の御許に響くのです。

善言の届く神社

畏くも天照大御神の誉言は、伊勢神宮の宮居に入ります。すべての誉言はこのようにそれぞれの宮居に入るのです。

したがって、住江大神の誉言は、摂津の住吉大社です。鹿島の大神様、香取の大神様の誉言は、そのままに房総にある鹿島神宮、香取神宮の宮居に届きます。宗像大神の誉言は、筑紫の宗像大社に入ります。

大国主命は、出雲大社《おおやしろ》です。そして、金山彦命、金山姫命の誉言は、南宮大社です。大山祇命の誉言は、大三島にあります大山祇命神社です。

熊野大権現の誉言は、いくつかありますが、当洞においては熊野本宮大社です。また、九頭龍権現は、九頭龍の権現の宮居に入ります。いくつかありますけれども、当洞は、箱根神社です。

また、事代主命は出雲の美保神社です。八幡大神は宇佐神宮です。

畏くも瓊瓊杵命、木花咲夜姫命は、浅間大社です。すなわちこれは、霧島神宮のこともあり、また富士山頂上の奥宮のこともあります。

「御神札」が受信・発信の装置

それらのことは、ここに納めてあるおのおのの神社の「御神札」があるので、これがその受信・発信の装置となるのです。このようにして、間違うことはありません。

しかしながら、これらは小さい装置です。出力の大きい装置は、御祠に鎮まっている神籬《ひもろぎ》であることは、言うまでもないことです。

この誉言は、その神々との結びつきを強く太くするものであることは、勿論です。この御力は「フタ」や「ミヨ」に伝わるのです。

ここに、おのおのも家々における「お祭り」があります。毎年とか毎月に執行されておられる方もいるでしょう。このような「月例祭《つきなみ》」を続けて執行していますと、その結びつきの力はだんだんに強くなります。

「肉の衣」を脱ぐと

人草の上に一体どのようなことがあって、色々のことが起きるのでしょうか。不思議に思うこともあるでしょう。これらは神々の願い事のままにあり、行われているのです。しかし、それらの本当のことは、おのもおのもの人草の頭脳の中に納まっているので、幽界冥界に還るときは、必ずそのことが現れるのです。

現世《うつしよ》おいて、人草が身罷るとき、その者は「浮いた家」の中において、同じように横たわるのです。

その葬儀が終わると直ちに産土大神に目会い、御霊は運ばれます。これはまことに簡単であって、速やかに運ばれますが、眠ったままです。あるいは、直ちに目覚める御霊もあります。すなわち、一時《いっとき》目が眩みますが、直ちに目を開きます。これはそれぞれに違いがあります。

肉体に片手を失っても完全な霊体

しかし、その身体は如何に「肉の衣」を失っていても、その霊体に傷つくことはなく、そのままであることは不思議なことです。

現世《うつしよ》において、どのように両手、両足を失っていても、「浮いた世界」においては、完全な身体であるのです。すなわち、「肉の衣」の一部分たりとて、消えることはありません。完全な身体の霊体であるのです。

また、目の不自由な者にあっても、その眼《まなこ》はしっかりと見えるのです。聞こえなかった耳も、しっかりと聞こえるのです。

また、如何なる難病に冒されて、その身体が不自由であったとしても、その霊体に影響はなく完全な身体です。

また、みずから死を選ぶ者もありますが、どこで横たわろうと、その土地の産土の神様によって運ばれ、その霊体の傷むことはないのです。しかしながら、これはしばし眠りに就くことになります。

「浮いた身体」の世界

このように「浮いた世界」の中に「浮いた身体」があることも、まことに不思議なことです。これは、人草が死して後《のち》に行くところは中有界ともいうところですが、「浮いた身体」の住むところは、中有界とは言わないのです。まことに奇しきことです。

この「浮いた世界」のことを、いよよ明らかにするときが来ました。その実在を証明しなければならないときが来たのです。

少彦名命の誉言は、その御社が少ないといいながらも、少彦名命をお祭りしている御社より大神様に送られるのです。御社が少ないことは、少彦名命の鎮まられる大社《おおやしろ》がいずれの日にか造作されることになりましょう。これはまた、遥か後《のち》のことですが、少彦名命の大きい御力の明らかになったときのことです。

当洞の「タネオ神社」は、少彦名命の中継《ちゅうけい》の神社《ところ》になるといいます。それは、少彦名命の現世《うつしょ》における御社が少ないからです。

大いに少彦名命の誉言を唱えましょう。草ぐさの曲《ま》がれるものを糺《ただ》してゆきます。

三、「浮いた世界」

霊体、動物、木々草々も生い茂り、海も川もある

まことに奇しびな世界のことを伝えています。この「浮いた世界」は、地図のような平面的なものではありません。土地の上に、同じように建物が建ち、その下に地下室もあるのです。すなわち、ビルもあり、鉄道もあります。また、海も川も、すべてあるのです。

人草の動くことができる土地には、すべて「浮いた世界」があるのです。

また、奇しびなことですが、「浮いた世界」においては、人草の霊体はまことに小さく、「小人」で現れるのです。現世《うつしよ》において、如何に大きい者であっても同じです。しかし、おのもおのも信仰によって、その身長はわずかですけれども変化があり伸びます。

したがって、現世《うつしよ》における身長と同じ者もいますが、ほぼ小さいのです。小学校の低学年のような者もいますが、これは珍しいことです。

私の身長は高いといいます。しかし、これは霊体であるので、どのような建物の中に入るにも、入ることができないということはありません。それぞれの建物は、人草たちの霊体に合わせて、小さいものであるといいます。

また、この「浮いた世界」には、動物もいます。木々草々も生《お》い茂ります。まことに奇すしきことです。

「浮いた世界」は未だ見ることのできない世界

これらの不思議の世界は、奇しびなことであれば、未だ見ることのできない世界であるのです。またこれは、入ることのできない世界です。

この「浮いた世界」は、今生きている世界の映しですが、この世界に、新たな世界を造ろうとしています。それは、おのおのの知恵、知識に応じた世界で、新たな学校、図書館ともいうべきものです。現世《うつしょ》にあるようなものです。
これは、どのような意味でしょうか。御霊に自覚を与えようとするものです。御霊に自覚ができれば、何程か現世《うつしょ》に影響のあるものです。

「浮いた世界」に現れてから現世に現れる

この「浮いた世界」の中では、人草の動きは、自由自在に動けるものではありません。これは、そこに働く明魂たちの動きに従わなければならないからです。すなわちこれは、「ナナヤの宮」の詔を実現させんとすることだからなのです。

人草の霊体は、その「霊線」によって操られ、現世《うつしょ》に伝わるのです。すなわち、現世《うつしょ》に現れることとは、まず「浮いた世界」において現れて、そのことが現世《うつしょ》に伝わり起きることです。

人草の霊体は、「ナナヤの宮」における、あるいは産土大神たちの設計のままに動くことです。色々な出会いも同じことです。

したがって、ここに、学ぶことがあり、奇すしき出会いがあるのです。またここに、「知」の雄走りが走るのです。佳き事、悪しき事、みな共に起こるのです。

交通機関もある

さらに述べます。この「浮いた世界」の中には、空を飛ぶ飛行機もあるのです。自動車もあり、鉄道もあるのです。

この世界の中において、人草の霊体は「振《ふ》り霊《たま》」を受けるのです。ですから、交通事故もまたあるのです。

また、現世《うつしよ》と同じように、自然災害などの自然の変化も同じようにあると述べましたが、この「浮いた世界」における自然災害は、現世《うつしよ》に現れることです。

「浮いた世界」は、何事もその先々において現世に起きることを行うのです。

人の病や「願い事」などについてもすべて同じです。ここに、縁ある産土大神の力、また明魂たちの願い事によって、延期されることもあります。これはまことに奇しびなことです。

すべてがこのように、行われます。

大神様や正位の神々の働き

しかし、「浮いた世界」において大神等や正位の神々は、ここに如何なる働きをされているのでしょうか。これは、現世《うつしよ》と同じであって、それぞれの御社《みやしろ》には、神々たちが鎮まっておられます。

また、雄走りが伝えられているのです。

ここに当洞のことを述べておきます。当洞の「浮いた世界」における宮居は、まことに荘厳にして大きいと言われます。ここに、まことに奇すしき大神様たち、また、正位の龍神や明神たちが来られるのです。

大神様たちは龍車に乗られ、奇すしき大雄走り、また、雄走りを通わせられるのです。その神々《こうごう》しい神体を寄せるのです。これらすべては、龍車に乗られ入られるのですが、この荘厳な頭上には、「ナナヤの宮」におけると同じように、龍車の発着場があるとも申します。

このように当洞は、まことに威厳のある宮居です。それは如何なる大宗教であっても、これ程の宮居を持つところはない。見当たるところはないと言います。

このように、人草の動きは、この「浮いた世界」において行なわれ、現世《うつしよ》に伝わるのです。会社に出かける、家庭をもつ、子供のあるのも同じです。また、子供が生まれることもあるのです。

ここに、奇すしき「浮いた世界」のことを述べました。少しだけ真澄洞のことを伝えましたが、続けて述べます。奇しびことが多《さわ》にあるのです。

四、「浮いた世界」の謀り事

今朝、真澄洞はまた清々しくあります。続けて、「浮いた世界」のことを交々《こもごも》に述べます。

春・夏・秋・冬の四季の巡りがある

この「浮いた世界」は、地球《ちだま》の上の現世《うつしよ》と同じように時の刻みがあります。四季の春・夏・秋・冬の巡りがあります。

これは、建物や環境の上に変化があり、まことに現世《うつしよ》と同じ世界であるのです。

純粋な霊的なものと物質との中間の存在

もし人草が、そこに――「浮いた世界」に――立つと、直ちにその人草の落下することは明らかです。するとこれは、如何なる物でできているのであろうかと、問うことができます。

これは、純粋な霊的なものと物質との、中間の存在なのです。

すでに感じているように、その霊的物質は、人間の霊体と同じではありません。

霊体というのは、物質により近い霊体より純粋な霊体に至るまで、連続的に変化していろいろとあるものです。霊体といってもその純度が異なっているのです。

ここに大きい断絶は、物質の世界と、奇すしき霊界を造る物質との間に存在するのです。この奇すしき霊界を造る物質は、宇宙空間に多《さわ》に存在するもので、これはいくらでも産み出すことができるものです。

明神の修行

この「浮いた世界」には、時の流れと共に、先に述べたように、地震《ない》の災いがあり、また雨や風があります。この上にあって、明神たちはその行《わざ》を修行し、また励んでいるのです。この世界にあって明神たちは、地球《ちだま》の上の草ぐさの自然の変動に影響を与えているのです。

しかしここに、突発的な出来事があり、直接に地球の上のことに関わり合うことがあります。それは、「浮いた世界」において予言したことを、変更することです。これは、地球の上において直接に変更を行うのです。これもまた、明神たちの修行の一つです。

奇すしき行《わざ》の数々は、このように行われます。

「浮いた世界」におけるものと異なって、現世《うつしよ》において行《わざ》を競うことは、これは物質であるので、その力が大きく要ります。しかし、人草の願い事を直ちに聞くことがあるときは、おおむねにそのことを予見しているものです。

また、現世《うつしよ》の御社《みやしろ》において授与する「守護札」は、直接に人草に影響を及ぼすものです。この「守護札」は、まことに不思議なもので、奇すしき力があるものです。

謀り事の変更

ここに述べますのは、「ナナヤの宮」における謀り事のことです。これは、「浮いた世界」において行われるのですが、これも一年《ひととせ》に一度ということはありません。おおむねに一年の春夏秋冬の四回《よたび》に分けて行われます。その期間は、それぞれおおむねに十二日間を要するものです。

このとき、「浮いた世界」において通常になさねばならぬことが滞るかといえば、そうではなく、わずかずつ小規模に修正されてゆくのです。そのときの修正の伝達は、幽界冥界に入り、新たな御霊の発令となるのです。この御霊は「ミヨ」です。

この「ミヨ」は、何処から入るかと思えば、この「ミヨ」の交替は、その霊線より行われるのです。しかしながら、この「ミヨ」の御霊にとっては、奇すしき「浮いた世界」は見えていないのです。まさに暗黒の世界です。しかしかくの如くして、「ミヨ」の交替が行われるのです。

「ミヨ」の交替のとき

ここに、一つひとつの出来事、また、人と人との出会いが新たに作られてゆくのです。しかし、この「ミヨ」の交替のとき、明魂は「ミヨ」となる御霊に告《つ》げることがあります。すなわち、その使命です。働きです。

この働きは、御霊に直接伝えるのではなくして、交替する御霊の中の御霊に伝えるのです。まことに不思議な御霊の仕組みです。

そのことを告げる明魂は、血筋にある明魂の働きです。おのおのの家々には、明魂が存在するのです。

当洞のように「明魂慰霊祭」を執行しているところでは、明魂に告げることを伝えてあるので、今ここに述べたこととは、少し異《こと》なるところがあるといいます。

奇すしき「浮いた世界」のことを述べました。このことは、日本の上でのことです。また、外国《とつくに》においてもほぼ同じです。キリスト教圏にあっては、その土地の産土大神のこともあり、また、遠津祖先《とおつみおや》やキリストに近い者がその役割を担っているのです。おのおのの大きい教会に鎮まり、そこに服《まつ》ろう御霊たちが、その役割を荷うのです。その他の国々においても同じです。

いよいよここに、世界において神々の鎮まっておられる「宮居」のことを述べます。

と述べます。

五、「浮いた世界」のイナルモノ

私の御許に怯《ひる》まずに服《まつろ》うことを、嬉しく思います。さらに、「浮いた世界」に起きることを草ぐさと述べます。

イナルモノの存在

先に、外国《とつくに》のことを少し述べましたが、日本などと異なり、「赤き魔」の国々にあってては、まことに草ぐさのイナルことがあります。その国の人草たちは、御霊を大きく痛めることがあるのです。少しこのことを述べます。

たびたびにイナルモノの存在することを述べました。このイナルモノは、「ナナヤの宮」や多くの「宮居」を襲撃するだけでなく、この「浮いた世界」に侵入することがあるのです。しかし、そのイナルモノの乗り物は、動物なのです。イナル世界には、龍車のような乗り物はないのです。

日本おいても、イナルモノの災いが全く無いわけではありません。すなわち、スメラミコトに反旗をひるがす集団があり、色々な災いをするイナルモノです。それは現界を乱すためです。

しかし、「赤き魔」の国々にあっては、まことに悲惨なことがあるのです。人草の霊線を草ぐさにもつれさせるのです。これらは明魂たちのおおむねの働きの上に、さらに行い、災いをなすのです。

イナルモノの御霊たちは、比較的にその霊体が重いので、この「浮いた世界」には簡単に入ることができるのです。比較的に入《はい》り易《やす》いのです。警備の明魂たちがいるのですが、そのイナルモノの動きを止めんとしても、なかなか難かしいことがあるのです。

設計図の見直し

それらの動きを見ながら、また、イナル世界に新たな対策を講じるために、その設計図を見直すのです。そのために先に述べたように、おおむねに四度《よたび》の計画の変更があるのです。

しかし、それらのイナルモノたちは、喧嘩をしようとして、まことに険しき様《さま》を作ることがあります。

このことは、いつの時代にあってもつねに起こることです。

しかし、いよいよ「トウミラ（遠心力）」のときを迎えるに当たり、上津彼方よりの大きい力でもって、イナルモノを悉《ことごと》くとはいわないですが、ほぼそれらの「魂消《たまげ》」をします。「魂消」とは、そのすべての存在を消されることです。しかし、そのイナルモノを平定するのは、「ナナヤの宮」より発せられた明るき御霊たちの働きです。

捕らえられたイナルモノはブッラクホールへ

イナルモノのことはこれまでにも述べて来ましたが、少し詳しく述べます。イナルモノの動くのは、この「浮いた世界」においてなのです。この上において、草ぐさの悪いことを行うのです。

勿論のことですが、「ナナヤの宮」は、「浮いた世界」の遥かはるか上空にある清い世界です。したがって、「ナナヤの宮」より発せられた強者《つわもの》どもが、どのようにしてそのイナルモノの御霊を捕まえるのでしょうか。これは、天津神より賜った格別な臭いをかがすことによって、その御霊どもを眠らせるのです。イナルモノたちは、その臭いに恐れおののくのです。

このことは、神話の中にもあります。臭いをかがすのです。――神武東征の話か――あるいはまた、光を当てるのです。これは特別な刀を抜くときに、現れます。また、鈴を振るとき、その音に驚き、「いななく」こともあるのです。

このようにして、それらのイナルモノは捕らえられるのですが、その一柱ひとはしらの御許は、格別に調べなくてもわかるのです。これを確認して、直ちに送られるのです。すなわち、魂消の場所です。これは、ブッラクホールです。しかし、龍車は速やかにそのブラックホールの穴より出ることができるのです。

戦争が起きる

今少しのときを置いて、戦は起こるでしょう。今少しすれば、現実として戦争が起きる。すなわち、戦が始まるでしょう。そのときの様子を遠眼鏡で眺めているのです。まことにこれより、奇しき多くの変化が起こりましょう。

開かれた国々――「赤き魔」の国は開かれていない国です――にあっては、このようなことはほぼ起こりえないことです。しかしながら、開かれていない国々においては、大きい小さいはあってもつねに、これらのことは起こり得《う》るのです。

遠眼鏡で眺める

今、「ナナヤの宮」より、捕獲の者が出かけることを述べました。

その「浮いた世界」のことは、「ナナヤの宮」においてつぶさに観察することができるのです。それは遠眼鏡です。この遠眼鏡は、張り巡らされたカメラの如くです。その画像は、その国々における情報を集約する所に集められます。これらはすべて、「ナナヤの宮」の中にあるのです。

「浮いた世界」にあるこれらのカメラは、重要な働きをしており、まことに詳細にわかるものです。

イナルモノの侵入は、その警報によって知るところです。まことに蟻一匹も入ることができない警備があるのですが、しかし、くぐり抜けて入るイナルモノがあるのです。
イナルモノたちは、その「浮いた世界」に潜入し、みずからの国の現世《うつしよ》にある人草たちを扇動し、害を及ぼすことを許るのです。

この現世《うつしよ》は、すべてに天地自然の巡りがあります。いつのときか、必ず因果が巡り来るものです。神々たちはそのことを知っているので、ゆっくりと、鷹揚《おうよう》に眺めているのです。神々の世界は、人草の世界と時の刻むのに遅いこともあり、また、早いこともあります。その流れは一様ではありません。時の流れに早い緩いがあるのです。

「ナナヤの宮」の上の自然現象

さらに述べますのは、「ナナヤの宮」の上にはいったい、「浮いた世界」のような自然現象が起こるのであろうかということです。この「ナナヤの宮」は純粋な霊体のみの世界ですが、同じように自然界があり、天地自然の恵みがあるのです。

しかし、雨は雨にあらず、風は風にあらず、雷鳴は雷鳴にあらず、火の光は火の光りならず、暗《くら》闇《やみ》は暗闇ならずなのです。ここに、それらの現象は、物理現象でないことは当然です。すなわち、物質でないのでまことに説明のし難い法則です。説明のし難い法則ですが、それぞれの中に秘められていることがあるのです。

師匠の明寶彦先生が、「ナナヤの宮」に上がりましたときには、その床を踏んで歩きました。これは、師匠が高貴な霊体であったが故に、その床の抜けることがなかったのです。またここに働いている明魂たちはすべて、その床または、その地を踏んで歩いていました。

門田先生の記録にありますが、先生は床を踏んで歩きましたが、正位の明神様方は一尺ほど浮き上がって歩かれたそうです。

「浮いた世界」における「食べ物」

「浮いた世界」における御霊たちの「食べ物」について述べます。これは現世《うつしょ》と同じです。その「浮いた世界」に採れたものを用います。同じように、「ナナヤの宮」においても、その世界において収穫したものを食べるのです。これらの食べる物は何でもすべてであり、現世《うつしょ》と変わることはないと言います。

明魂たち、また正位の明神・龍神たち、神々もこれを召されます。まことに美味なるものといいます。門田先生も、「ナナヤの宮」に上がったときに、いただいた記録があります。そのところを少し引用します。

一日一回の食事の時間にして、明神をのぞきて祠官霊人参宮しておのおの一椀のうすいお粥約一合を喫し、各自観法をなす。我もまた、明神にすすめられてこれを受けたるに、中よりたぎるごと

き暖かみある牛乳の、さらにサラッとしたる液体にしてまことに美味なり。（『ナナヤの宮参宮記』一〇一頁）

しかし、お酒を飲んでも、酔うことはありません。酩酊することはないのです。酩酊するのは「肉の衣」です。これらは、一つの大きい区別で、判別になりましょう。

その恵みを賜るのは、「ナナヤの宮」です。同じように「塩」や「米」、また「穀物」があります。しかしここに、「ナナヤの宮」には、動物の数が少ないのです。それは、必要がないからです。しかし、鳥の鳴き声はあるのです。

神々は、それぞれの宮居を持ち、神々を御祭りし、お祈りをなさっておられます。すなわち、御祭りを行っておられます。神々、また明魂たちの祈るのは真澄神に対してです。まことに真澄神の持つ力は偉大なのです。このことは、さらに伝えます。

六、「浮いた世界」と信仰

引き続いて、「浮いた世界」のことを述べます。

燈明の明かり

この「浮いた世界」にある家々には、家の中に灯る神棚の火、仏壇の燈明の光があります。また、御社《みやしろ》においても神々を迎える火、燈明の光があります。

そのご燈明の明かりは、神々を誘うための道に、大きい目印となります。しかしながら、その御社のうちに、明かりが消えてしまっているのを見ることがありますが、これはまことに悲しいことです。御社に、ローソクの火でなくても、明かりを灯すことは大きい意味のある明かりになります。また、導きをするものです。

この明かりは、「浮いた世界」において大きい目印として働くものです。すなわち、夜の灯火《ともしび》となります。この夜の灯火は、そこに、イナルモノが入《い》ることができないのです。暗い世界には、イナルモノが潜んで居ることがあるのです。

しかし、この御社の燈明のことは、これ以上はしばし置くこととします。

神々へのご奉仕

ここに、「浮いた世界」の御社に、神々の雄走りがあります。あるいはその「別け御霊」のこともあります。また、ご祭神がそのままに来られることもあります。

ご祭神が、御《おん》みずから来られるのは、その御社の御祭り、あるいは、節目のとき、記念のときです。したがって、御社は、現世《うつしよ》の写しであるので、現世《うつしよ》の御社もこれと同じことです。

ここに、「浮いた世界」の御社には、ご祭神に奉仕せられる神々、また明神たち、巫女《みこ》たちがおいでになります。ご祭神にご奉仕されているのです。現世《うつしよ》における御《おん》務めそのままに「浮いた世界」においても行われますが、それらのご祭神に仕えまつるのは、現世《うつしよ》における神主や巫女たちの霊体なのです。

また、すでに述べましたように、ご祭神に仕えまつる者たちの霊体は、まことに子供の如くにあります。それ故にここに、この世界の御社《みやしろ》は、その祈りにしたがって、大きくあったり小さくあったりします。

病気平癒などの祈願

ここに重大なことを述べます。現世《うつしよ》において、「病気平癒」などの諸々の祈願をします。しかしそのご祈願が、速やかに聞き入れられるところと、聞き入れていただけないところがあります。それは、この「浮いた世界」において判断されるのです。

それは何故でしょうか。すなわちそれは、その者に与えられた「定め」、すなわち、「使命《しめい》」の変更を避けることができないからです。また、その者に余命がありながらも、まさにその命を落とすこともあります。

さらには、諸々の祈願があります。「病気平癒」、「入試合格」、「結婚祈願」、「厄除け祈願」などとまことに奇すしき願い事が数々とあります。これらの諸々は、その「定め」のままに変更できないこと、その人草の越し方の生活によって、如何ともなし難きものなどさまざまにあります。

しかし、それぞれの祈願のままに、その穢れを取り除き、清々しい人草とあるように、その願い事に応じます。これまた、まことに奇すしきことです。このことは、願い事の成就すると、成就しないとにかかわらず、つねに行われていることです。

罪禍穢は「浮いた世界」の物質

すると、その人草たちが荷っていた罪禍穢は、何処《いずこ》に行くのでしょうか。これはすべて、その御社《みやしろ》に働いて、まめ働きをする者の預かるものです。これらのまめ働きをなす者は、その身をつねに清々しくして神々に仕えなければなりません。

次いで、その罪禍穢は、神々の御許にあってそこに仕えておられる龍神たちの運ぶものです。龍神たちはそれを運び、魂消と同じようにブラックホールに運ぶのです。その罪禍穢は、まさに「浮いた世界」における物質と同じものです。現世《うつしよ》において人草が作った罪禍穢は、「浮いた世界」の物質なのです。

罪禍穢は、現世《うつしよ》に生きる諸々の人草たちの上に覆い被《かぶ》さっているのです。それ故に、「夏越の大祓式」、また、年の瀬の「大祓式」において、洗い流し浄めているのです。これは、日の本における偉大な作法です。

大祓式

「大祓式」には「人形《ひとがた》」を使いますが、これで身体を撫ぜ、最後に息を吹きかけます。その「人形」の上には、諸々の最も低い霊的なものが付きます。すなわち、「人形」で身体を撫ぜることによって罪科穢を吸い取っているのです。

当洞における「節分祭」においては、「人形」を少彦名命の浄焔で焚き上げるのですが、その穢れたものは龍神たちが集めてブラックホールに運ぶといいます。それ故に、参加者はつねに、その身が清々しくあるのです。

神社においても同じように、浄焔に焚き上げたり、また清い水の流れのなかに流すのです。

また、この人草の身に付いている穢れたものの数々は、身罷りしときにはそのままに持ってあがることになるものです。すなわちこれは、「ミヨ」の大きい穢れとなるものです。

アメノヒレ

奇すしき神々の火は、その御社《みやしろ》の大きい光であり、神々の力の現れです。ご神殿における燈明は、その力があり、「比礼《ひれ》」に伝わってエネルギーを送ると言います。すなわちこれは、「アメノヒレ」です。

ローソクの火は上空に伸びているといいます。門田先生に、「比礼が出ているのがわかりますか」と何回か聞かれたことがありましたが、残念ながら観ることはできませんでした。

このアメノヒレを知ることができるのも、今少しのことと言います。

相嘗め

「月例祭」などの祭典がありますが、その際は、神々と「相嘗《あいな》め」をすることです。ご祭神と相嘗めをする姿は、「浮いた世界」の御社《みやしろ》においても行われるのです。

また、神様には毎日のご挨拶をします。ご神殿に供えしたものを賜ることによって、相嘗めの力を賜るのです。

ご存知と思いますが、お供えをしているご神水、御米、御塩を賜ることは、いや益々に力を賜わるものです。

これらのことは、人草たちに伝えたいことです。

ご仏前の水よりも、神様にお供えしたものがよいのです。その理由《わけ》は、ご仏壇は御霊に捧げたものであるからです。

ところで、現世《うつしよ》の御社《みやしろ》において相嘗めの御祭りの少ないことは、まことに残念なことです。

真澄祭における相嘗めの御祭り

当洞においては、「新嘗の御祭」を執行しています。これは相嘗めの御祭りとして行なっていますが、まことに貴いことです。

「真澄大神」の御祭りは、春夏秋とありますが、わずかなお供え物でよいので相嘗めの祭典をしなければならないと申します。

こうして、いよいよ麗しい御祭りが出来上がるのです。これがまことの「幽斎《ゆうさい》」です。

ここに、現世の御社における御祭りのこと、また奇すしき「浮いた御社」における御祭のことを草ぐさに述べました。

次回はさらに、奇しびの世界のことを述べます。この「浮いた世界」のことについてまた、述べることがあります。

七、正常でない人草が現れる

秩序と調和と統一を保った世界

今回また、奇すしき神々の世界のことを述べます。

さて、現世《うつしよ》は、多《さわ》なる人草が生活《まめはたらき》をしながら住んでいます。ここに、その人草たちと共に生きている動物たちが多《さわ》にいます。また、植物が限りなくあります。この大きい木より小さく花咲く草々まで、一木一草は限りなくあります。また、眼には見えないけれども、草ぐさの細菌もあり、微生物がいます。

動植物の「ヒト」「ミヨ」

これらは、一つの大きい秩序と調和と統一を保った世界にあります。ここに、それらの動物の一匹いっぴきにあっても、その御霊は、人草のように生きんとする命を賜っているのであって、この中にも「ヒト」が与えられているのです。

　この「ヒト」が付き「肉の衣」があれば、その「肉の衣」を支えんとする荒魂が必要です。また、和魂のあることもあります。すなわち、動植物は、「ヒト」と一柱、または二柱の「ミヨ」において成り立っています。

　しかし、この「ミヨ」は、動物であれば動物の「ミヨ」です。食用にせられる鳥、豚や牛は、おおむねに「ミヨ」は一柱です。

　ここに、その動物は食用とせられるのですが、死んだのちにおいて、その「肉の衣」の中にある霊体はどのようになるのでしょうか。その霊体は、奇すしきことがありますが、人草の御霊と交わりさし障るようなことはありません。

荒魂となった「ミヨ」、因縁霊

　しかし、その動物の霊体が災いをなすことはないとしても、ときに、荒魂となった「ミヨ」が人草の上に懸かり、人草を殺《あや》めんとすることがあります。このとき、人草の上には、大きい病が起こるのです。

　一霊四魂といい、また、「ミヨ」といいます。人草に「ミヨ」の付くのは三柱、または四柱です。しかしその四魂に、一つの空いた席ができることがあります。ここにその動物の「ミヨ」が入ることがあるのです。

この時に草ぐさのことが起こるのです。その者は、知能の劣ることがあります。身体不自由な身となることがあります。また、病の上に聾唖《ろうあ》者となることもあるのです。

これは一体どのような規則の基で起きるのでしょうか。人草の上には、このようなことは度々に起こるものです。その四魂の中の一つの空いたところに、俄かに、所属のわからない御霊が付くことがあるのです。

その御霊を、「因縁霊」と言うこともあります。しかし、その御霊には、何かのことをなしたくして付くものです。このようにして、人草の上は必ずしも健やかではないのです。このようなことも行われていることを知っておいてください。

このことは、「浮いた世界」において、その者が、因縁ある者、また動物と出会うことによって、起こることがあるのです。

新型コロナウイルス

このたびの「新型コロナウイルス」のような現象の起こるのは、これらはすべて、神々の采配によることです。

その采配は、現世《うつしよ》の世界にそのままに波風を送ることになります。先に述べたように、これらはすべて大きい波であって、人草、会社、また国々におけるその業因縁を落とさんとする計画《みはかり》なのです。したがってこれは、日ならずして落ち着くものです。

しかしこの計画は、天津神と国津神との併せての働きであるのです。その業因縁は、地球の上から消えてしまうものです。これまたまことに、不可思議なことです。

その業因縁は見えないのですが、速やかにこの現世《うつしよ》の中から消えゆくのです。

その、大きいお働きをなさるのは、同じく明神や龍神なのです。同じ明神や龍神でありながら、このようにして、地球の上の人草を悩ましたり、救ったりしているのです。

人草の上に如何にして、正常でない人草が現れるのかを述べました。これはまことに不思議なことでありまして、また、述べましょう。

八、故障のある者の使命

神様は、私に、導きのままに、惟神《かんながら》突き進んで行きなさいと申されます。続いて、奇すしきことを述べます。

使　命

先に、身体に故障などがある人草たちのことを述べました。このことについて重要なことは、一霊四魂に「ミヨ」が付くのですが、三柱か四柱です。この「ミヨ」は、普通には三柱です。しかし、格別なときには四柱です。

己のご先祖の御霊が「ミヨ」として四柱付くことは、まことに珍しいことです。格別のことがあって、その者を導こうとされていることです。

この場合は、その中の一柱は必ず明魂であるのです。その明魂は大きい「使命《さだめ》」を運ばれるのです。

しかし、「ミヨ」は、一年、二年、三年、五年と、あるいは、良い日、奇しき日を選んで変わるので、その明魂がいつまでも付くことはありません。

四魂の上の厳の神

ところで、「ミヨ」には、その人草をつねにリードする御霊があります。すなわち、その者の一生を通して守る「主たる御霊」で、生まれ変わりともいえる御霊です。

ここに、四魂のなかの残る三ヶ所に、二柱または三柱の祖先霊が付くことになります。しかしこの四つ目のところに、明魂が付くことがあると述べましたが、ここに「厳の神」が付くこともあります。「厳の神」とは守護神のことです。

しかしさらに、「フタ（一霊）」の上にも「厳の神」の付くことがあります。「フタ」の上に付いた厳の神は、四魂の上に付いた「ミヨ」をコントロールするためです。このようなときは、その「ミヨ」の御霊は清らかな御霊です。

このように、一霊四魂の上の一つ空いている所は、まことに重要な働きをすることになります。

ところで、この荒魂を空《あ》けると、ここに動物などの因縁霊の付くことがあり、人草は僻事を受けることが多くあります。ですから、おおむねにこの荒魂を空けることはありません。しかし、これが、空くこともあるのです。

ここに、この荒魂に格別なスポーツの良き指導者の御霊が付くときは、その人草は秀でたスポーツの力を発揮することになります。このように、まことに奇しびのことが起きるのです。さらに少しこのことを述べましょう。

四魂と身体障碍

和魂は、秀でた情愛に満ちたところで、荒魂と共に、行動力があります。

幸魂は、人草に情の深いものがありますけれども、精神的、知に走るものがあります。また、学問の上のこともあります。最後の、奇魂は、まさに知力を司ります。また、インスピレーションを受ける力が強くなります。

したがって、これらの位置のそれぞれに優秀な明魂また、厳の神を迎えるときは、それぞれに大きい働きをするのです。

今右に、因縁のある御霊、あるいは動物霊が付けば、身体に故障のあることが起きることを述べました。このことより述べれば、すなわち、奇魂に付けば能力の劣る者、あるいは幸魂においても同じです。また、和魂の上に付くときは、人の愛情を欲する者となるのです。このような身体に不自由なことを迎えるのです。

眼に、耳に、支障があるのは、四魂のどこにあっても起きることですが、荒魂、また、幸魂のことが多いのです。

そして、まことに奇すしき「使命《さだめ》」を負ってこの現世《うつしよ》を生きることになるのです。このことはやむを得ないことですが、人草に力を与えるものです。その血筋の上のことが多いのです。

しかしここに、偉大な守護神を「フタ」の上に賜り、かくの如き身体に故障のある生活を送ることもあるのです。これは、そのような者たちを励まさんとして格別な「使命」を生きているのです。まことに奇すしき人草としての生活を、地球《ちだま》の上に送るのです。

故障のある者の病

したがって、それらの故障のある者の病を癒すためにどのようにするとよいのかは、その人草の一霊四魂の上を眺めれば、おのずと明らかになるのです。

この意味は、その人草の「ミヨ」は清いほど輝いているのです。反対に、病める程度によって暗いので、四魂を眺めれば直ちにそのことが判明するのです。

「九州の生き神様」といわれた松下松蔵大人は、霊眼によって人草を眺めるだけで、一霊四魂を見透すことができたのです。まさに一瞬にしてその悪しき「もの」を取り除くことができ、人草は一瞬にして健やかとなったのです。

このように、四魂の内を見れば、人草の悪しき「もの」は直ちに捕えることができます。その人草の「肉の衣」が、何の障害にもならずに透けて見透すことができれば、四魂の悪い所を見つけることができ、病を癒すことができるのです。

このような霊眼があるのです。宇宙を見透す霊眼ばかりでなく、かくの如き霊眼の開くことがあるのです。

宇宙を見透し未来へ

私に願うのは、このような一霊四魂を見透すような霊眼ではない。それは、宇宙を見透し、さらに未来を、また、過去を見透すことのできる霊眼なのだと申されます

今述べたような、一霊四魂を観ることができる霊眼が、必ずしも無いわけではない。しかし、このことは、私がなすことではないといいます。その身を穢してはならない。その意味はすでに縷々と伝えてあるので、ここには述べないが、その心を知って欲しい。

ツチノヒレ

先に「アメノヒレ」のことは述べました。対《つい》として「ツチノヒレ」があります。この「アメノヒレ」、「ツチノヒレ」は、御祭りのときに発生し己の体《からだ》を癒すといいます。自分の体を癒すことになるもので、まことに重要なものなのです。

アメノヒレは、ローソクの火ばかりでなく、天井よりぶら下がる紐もあるのです。また、ツチノヒレは、お供えしてある物の中より生まれ出《い》でるものです。この二つの「ヒレ」が結びつくことに

よって、大きい力となります。このことは、またいずれわかることですが、後《のち》のことです。

また、天津神、国津神のアメノヒレ、ツチノヒレは、草ぐさにあるので、これは知っておかねばなりません。

ここに、明魂、また厳の神のことをさらに述べました。

九、日々の行において

続けてまた、奇すしきことの数々を述べましょう。

行の伝授

この日本の上においても、奇しき法《わざ》が草ぐさに行われているのです。

その行の伝授のことを述べます。子弟関係のことがありますが、一子相伝のことが多いものです。その伝授を受けた者も、俄《にわか》に神上り（逝去）をし、また戦に敗れたとあれば、その法が途切れることになります。

それらの法の一つひとつを掘り起こしては、これらの奇しびの法を日本に遺さなければなりません。すでにその準備は整って来ています。それぞれに、奇しびの法を伝える用意があります。これは、明後日より始まって、奇しびの古きものがここに下がります。

これは、その良し悪しにかかわらず、その姿をビデオに収めておきなさい。このたびの行において、述べようとする作法が、秘められている法があるのでそれら一つひとつを行いなさい。足らないところは、質問をしなさい。回答をします。

御霊は、「ナナヤの宮」に上がっても、おのおのも法を競い、深い山々に入り険しい行をしているのです。

葉月の「厳神祭《げんしんしん》」の日、タネオの大神様の師匠が「槵触の郷《さと》」より参られるので、御許にまつろいなさいと申されます。

このことは後になってわかることですが、槵触の大仙人の許にいそしむ仙人たちからの話があるのです。

眼は開いて

さらに、今宵のことを述べましょう。

神様は私に、御祭りにおいて、何処《いずこ》を見ながら御祭り執りを行っているか、と聞かれます。

その意味は、眼《まなこ》は閉じてはなりません。すなわち、禊祓においても、大祓詞《おおはらいののり》においても、誉言においても、また祝詞においても、同じです。正面を見据えて、そこに神々の居られることをしっかりと確かめながら唱えねばなりません。

それには、神々のご尊顔が、その御祠の前にあることを観なければなりません。あるいは、小人のような顔形を見せることもあります。これらはまことに不思議なことです。その視線の先に、神々の御姿《おん》が現れるのです。

ですから、その霊視には、眼を開けてそのままに観るのです。眼を閉じたとき、その閉じた中に現れることはない。このことを知らねばなりません。

門田先生の最後の「節分祭」でしたが、先生は横の椅子に座られ、前田高顕先生と私とが祭典を執行していました。神様の「降神之儀」が終わっても、先生は横から色々と話されるのです。「そら、神様がお越しになられたよ。急いで祭典を続行しなさい」と言われたことがあります。先生は、つねにそこに神様がおいでになられることを確かめられての祭典でした。

このことは、日毎に仕えるご挨拶、また、月例祭、大御祭などすべてにおいてなさねばなりません。すでにその用意は整っているので、奇すしきことを述べるのです。

この「十言神呪」の観法《みのり》を行じるにあたっても、眼を開けて行いなさい。眼を開けても、神々に失礼に当たることはありません。

眼が開けば、耳も同じように通じるのです。霊眼が開けば霊耳も開くのです。奇すしきことです。「風鈴」の音を手で鳴らして、その音を聞くのです。耳を開くにとても良いことです。

「ヒレ」のこと

先に、アメノヒレ、ツチノヒレのことを述べました。このアメノヒレ、ツチノヒレは、眼を閉じていては観ることはできないのです。眼を開け、祝詞を奉りながら、必ず眼《まなこ》を開け、眼前を見ていなければなりません。

一つひとつの御祠の扉を見、また、お供え物を眺め、ローソクの火を眺め、御祠の上を眺めるのです。

アメノヒレが御祠に入らんとすることもあるのです。これは、輝く細い線です。人工的なものでないことは、直ちにわかります。

またここに一つ述べます。ご神殿の両脇に立ててある「真榊《まさかき》」の上には、御稜威があり、これにさまざまな鳥が飛んで来ることがあります。耳が開けば、その鳥の告ることが聴こえます。このように、真榊は神と人との間を取り持つものなのです。

本物の「お榊」は、エネルギーを沸かすものです。しかしまたここにも、鳥の来ることがあるのです。これらは、眺めて良いことです。まことに麗しいことです。


「弥増の法」


草ぐさに述べました。この人の御世は、「己《おのれ》の誠」によって、誠心《まことこころ》によって、単純に動くものではないのです。おのもおのも、「肉の衣」を纏《まと》っているからです。

したがってこれ、己の誠を相手に入れるには、己の「肉の衣」を消すより他《ほか》にはないものです。ここに、己の「肉の衣」が消えるのは、相手の「肉の衣」を消さんと思うことと、その思いはひと連《つら》なりなのです。

しかし、師匠よりナナヤ大神の「手形《てがた》」を受け取っているので、その「手形」の「弥増《いやまし》の法《のり》」を使うとよいと申されます。

この「弥増の法」は、相手の「肉の衣」を突き通して、相手の心に響くものです。すなわち、「フタ」「ミヨ」に響きます。ここに、その相手に対する祈りの共鳴が起きるのです。己の祈りが届くものです。

また、遠い所に送るときは、龍車、「厳の神」をお迎えして行うと、その者に届きます。「弥増の法」は、まことに奇しびなる光で伸びゆきましょう。

「真澄人《ますみびと》」として、救われる人草があるときは、これを行うのです。

今、御祭りを執行するに当たり、奇すしき行《わざ》のことを数々に述べました。

十、天津罪と国津罪

本朝で、穀断ちより十一日目の麗しい朝を迎えました。今朝、さらに奇しびな「浮いた世界」のことを述べます。

「浮いた世界」は幽世の世界の一つ

この「浮いた世界」にあっては、草ぐさのことが行われていますが、この世界に天津神の大詔が届くことはありません。

これは、「浮いた世界」は、「ナナヤの宮」の計画《はかりごと》によって動くところの一つの幽世《かくりよ》の世界であるからです。

それ故に、この世界に、天津神が降られることはほぼないことです。

しかしここに、天津神の大詔が降ることがあるのです。

例えるならば、先に述べましたように、天津神の住江大神が龍車に乗り、この真澄洞上立つようなことです。

また、まことに奇しびな不可思議な光と共に、音《おと》が木霊《こだま》することがあります。この光は、雷鳴とも異なります。雷鳴は、一つの光であって鋭くも緩くにもなります。しかしここに、天津神々が降られるこの光は、電磁波の如き光です。一瞬の出来事であり、これを見ることはできないものです。また、音にあっても同じことです。

大詔の「光」は「す」に

この天津神の光、また音の中に、如何なる「詔」が秘められているのでしょうか。これは、おのおのも地球の上の現世《うつしよ》の上に生きる人草たちに送るための「す」の光なのです。このようにして、「す」の大詔が、おのもおのもの人草に与えらるのです。

この「す」の光は、天津神々より直ちに地球の上の人草に送られるのではないのです。その大詔は、「浮いた世界」にある小人《こびと》の如き人草の上に届くものです。これがそのままに、現世《うつしよ》の人草に入るのです。まことに奇しびな仕組みであり、不可思議な出来事です。

「音」は「フタ」に

光はこのような如くですが、同じように見ることのできない「音」は、如何なる働きをなすのでしょうか。同じように「す」の詔を届けるものです。

光は人草の「す」に入り、「音」は「フタ」に入り、その働きを鼓舞するのです。共に動き、共鳴して働きます。

このようにしてつねに天津神よりの大詔は、すべての人草の上の「す」と「フタ」に降《くだ》るのです。それは、その人草の「す」と「フタ」の働きを鼓舞するのです。実は、これはさらに、大きいことを伝えているのです。

それは、この現世《うつしよ》の世界に生きて、大国主命より授かった使命《さだめ》を尽くすことは当然のことであるのですが、この「す」より伝えられたことは、この宇宙に秩序と調和と統一のとれた世界を実現させることなのです。天津神々の願いは、ただにこの宇宙に、秩序と調和のとれた統一の世界が実現することです。その願い事のまにまに、そのことが「ミヨ」に伝達されるのです。

天津神と国津神の願い事

「大祓詞」の古き祝詞《のりごと》にあるように、国津神の災い、天津神の災いがあります。「天津神の災い」とは、この宇宙の秩序を乱さんとすることです。「国津神の災い」とは、現世《うつしよ》における物質世界を、幽体を含めた物質世界をかき乱すことです。

このようにして、天津神・国津神の、願い事が伝えられているのです。

ここに、原子力の火でもってこの地球《ちだま》を傷めることは、大国主命の痛むところです。しかしこれはさらに、天津神の穢れともなるのです。

地球を傷めることは、地球の破滅に至るかもしれません。すなわち、地球の持つ麗しい水の国はなくなり、無味乾燥の世界となってしまうのです。これは、天津神の痛むところです。

宇宙の呼吸

しかしここに、大きい僻事として、その天津罪・国津罪を除くべしとの、大詔が降るのです。すなわちこれが、「宇宙の呼吸」なのです。これにはウラミラ（求心力）とトウミラ（遠心力）があります。ここに、自然の法則としての因果律が現れるものです。時が来れば、必ずそのことは起こるのです。

この現世《うつしょ》の人草を傷《いた》めることは、国津罪です。

さらに伝えますと、天津神・国津神を穢すことはもちろん、スメラミコトを穢すことは天津罪なのです。これは、スメラミコトの光を隠そうとするもので、同じように天津罪に当たります。

天津罪と国津罪の消去

天津罪・国津罪は、このようにして御霊の上に深くかかわっているのです。

しかし、人草の上には、罪禍穢《つみとがけがれ》の多《さわ》に降り積もっていますが、この天津罪と国津罪とのことを弁《わきま》えて、草ぐさの行《わざ》にいそしむことは、まことに重要なことなのです。そのことを述べます。

国津罪は、言霊によって消すこともあります。禊によって消すこともあります。鎮魂《たましずめ》によって消すこともできます。己の身を犠牲にすることもあります。また、大きく人草に仕え、人草を仕合せに導き、奉仕することもあります。また、今仕えている草ぐさの生業を通して、その身を捧げて仕えることも、また国津罪の消去なのです。草ぐさに、その消去の方法はあります。

しかしこの天津罪は、物によって、霊体によって消去することは不可能なものなのです。この天津神のものは、天津神を信仰し、天津神々を祈りまつり、その命の根源である天津神々より賜ったものを、感謝しなければ消えないのです。

すなわち天津罪は、天津神の奇すしき光でなければ消えないのです。まことに象徴的なことですけれども、まことのことなのです。

ですからこの、光と空気を賜っていることを感謝し、天津神を祈りまつるところに、天津罪を消すことができるのです。

ここに、天津神・国津神の罪禍穢の振り解《ほど》かれるのです。ここに言わんとすることは、「人草の信仰は、天津神だけでなく、国津神だけでなく、共に信仰して、御稜威を賜り、感謝をして、命の根源を祈りまつらねばならないのです。すなわち、真澄の神々を祈ること」なのです。

さらにこのことを述べます。天津神、国津神、その天津罪、国津罪のことを学ばねばなりません。

十一、御仏への信仰

お言葉が出ないと気づき、薄目を開け前を見るに、録音の赤色が点灯していなかった。点灯すると間もなくお言葉が始まった。

仏の道に仕える人草

前回は、天津罪、国津罪のことを述べました。しかしここにさらに述べようとするのは、御仏の道に仕える人草たちのことです。

御仏と言っても、また草ぐさにあります。大日如来、十一面観世音菩薩と天照大御神の本地仏がありますす。また、薬師如来の少彦名命、阿弥陀如来の熊野権現などです。神々の本地仏は諸説ありますが、それぞれに宗派によってご本尊として祈る御仏は違っています。天津神、国津神の本地仏たちは多くあります。

天津神と国津神との両仏を祀る

本書において述べていますことは、畏くも天津神の天照大御神、国津神の大国主命を共に祈りまつることです。

ですから、これらの御仏《みほとけ》たちのうち、一仏《いちぶつ》を祈りまつるのみでは、祈りの成就したことにはならないのです。御仏たちは、天津神と国津神とにつながる両仏でなければならないのです。

これを見分けるのは、その御仏たちの本地《ほんじ》を調べるとわかります。本地については、異説のあるものもあります。

「浮いた世界」において、神々の灯し火と、御仏の灯し火とは異なっています。神々は白い色、御仏たちの色は少しベージュがかかり、茶色などがあります。その他《ほか》の赤色のみなどはありません。

しかし、御仏の違いによって、その他の赤、緑、青などの色の混《まじ》ることがあります。

このように、その光の色によって、直ちに如何なる神々や、如何なる御仏の鎮まっているのかを知ることができるのです。

外国《とつくに》においては、この光は宗教によって、また異なるものです。

御仏への「願い事」

この御仏たちに、人草たちは「願い事」をしているのです。ここにその「願い事」と共に罪禍穢も御仏たちが救い取るのです。御仏の道に、この罪禍穢を祓う法《のり》について、十分なことが伝わっていないのは残念なことです。

人草の「願い事」を取り上げないような、御仏はいないのです。ここに、鎮護国家とあることは、「願い事」の上で最も大きいものです。

仏教に本地垂迹《ほんじすいじゃく》という言葉があります。ここでは、仏の本地が神であるのか、神の本地が仏であるのか、それを問うことは置いておきます。

外国の宗教においても同じ

外国《とつくに》における宗教において、また、哲学や「人の道」などの諸々においても、それぞれに信仰がありますす。信仰している神々の、その源《みなもと》、すなわち、本地を探るのです。すると、天津神への信仰か、国津神への信仰か、おのずと明らかになります。

このように、天津神と国津神とを併せて祭ることはまことに重大なことです。その一方に偏るならば、他方は縁なきものとして、御霊は生まれたままであって、その御霊を輝かすことができないのです。これは明らかなことです。

「使命」を果すことができなければ、大きい天津罪・国津罪となる

人草と生まれ、「使命《さだめ》」を授かりながらも、その使命を果すことができなければ、これは、大きい天津罪や国津罪となるものです。ここにも、その「罪」が潜んでいるのです。その罪は小さいものではありません。

したがって、幽世《かくりよ》に帰ったのちに、行《わざ》を積まねばならないことになります。またさらには、現世《うつしよ》

に生まれ変わることが、早められるのです。

まことに、天津罪、国津罪は恐ろしくもあるものと思わねばなりません。

しかしここに、天津罪も国津罪もわからずに、生業《なりわい》にいそしむ者が多《さわ》にあるのです。これまた、まことに悲しいことです。

政治の役割

また、現今の日本のように、祈り祭ることを教え導くことがないのは、これまた天津罪、国津罪なのです。その時代の為政者である者は、人草たちをおのもおのもの御霊の筋によって、祈り祭ることを導かねばならないのです。このことは、その時代の政治《まつりごと》を行う以上に、まことに重要なことなのです。

政治《まつりごと》は、如何に色々な人草たちがいても、その大きい仕事は、神々の導かんとする計画《はかりごと》を勧めることにあるのです。

さらに、この国のために犠牲となった御霊を悼むことは、これまた、時の為政者の仕事なのです。その政治家の命《いのち》は、国津神、天津神につながるものです。

小さい政治家にあっては、己のためにしか動くことがありません。したがって、単なる仕事の一つになっているので、その者に徳の生まれることは少ないのです。またその、小さい政治家は、己の権力の欲しいままに行《おこの》うことがあるものです。これまた、悲しいことです。

「浮いた世界」の国々

このように、「浮いた世界」の国々においても同じように、このことが行われているのです。ここにも、「ナナヤの宮」の計画《はかりごと》が行われているのです。その「使命《さだめ》」によって、人草を導く、大きい政治家も、小さい政治家も生まれるのです。

政治は何事によらず、その生業のうちに人草を導こうとするのですが、その人草の天津神・国津神、すなわち、「フタ」と「ミヨ」とを眺めながら導かねばなりません。

さらには、このスメラミコトを中心として、その纏まりの世界を作らねばなりません。このことは、天津神の「願い事」です。ここに、その祈りのことを述べました。

天津罪・国津罪を消す「ミ字観法」

この天津罪、国津罪を消すには、住江大神の「ミ字観法」を執行することです。これは、人草の「肉の衣」の身体を発散させ、天津神の世界に入るのです。観法において、「我が神の体《たい》は大宇宙なり、我は神の子なれば我が体《たい》も大宇宙なり」と唱えます。

今回も奇すしき行《わざ》のことを数々と述べました。行《のり》を終わることとします。大変嬉しく思っています。

令和二年八月十一日から八月二十二日　八月十八日H家月例祭

【巻八】槵触の仙人たち

一、櫁触の大仙人のお言葉

〈櫁触の大仙人〉のお言葉

ワシじゃが、わかるかのう。

九州から来たぞ。今日はのう、ワシも暇じゃからのう。厳神祭の前から、ここに来てじっと見ていたところじゃ。んー。

今日は、タネオに面白いところを突かれたわいのう。そう、お祭りに、あるいは、毎日のお勤めに、眼を開けてやれと言われたわけじゃが、こりゃあのう、正鵠《せいこく》を得ておるわいのう。そう、これはほとんどの者が、目を閉じて、精神を統一して、これを、祝詞や誉言《よごと》などを唱えるものじゃ。これは人によるけれども、お前はこれを本当は、開けた方がええじゃろうというのが、タネオの申すことじゃ。

それは、この祭祀によって、神様の光をできるだけその眼《まなこ》に集めて、霊眼の見えるように、開《あ》くようにしようという意味なんじゃが、理解はできるよのう。

現象の二面性

んー、そうなんじゃよ。ところで、この日の本は、コロナ、コロナ言うて大事《おおごと》になっちょるけれど、何のことはないぞ。人間はこうやって、進歩をしていくものじゃ。人間はこのままでいたら、ますますひ弱な人間になって、何か起きたら直ぐに潰《つぶ》れてしまう。神様は、人間に災いを与えて、その信賞必罰を与えんとしておる。一方において、人間を鍛えようとしておるんじゃよ。

そういう二面性のあることを、勉強していけよ。少しずついろんなことが、わかってきちょるように思うが、ええかいのう。

それでまあ、動きが止まっちょるけれども、まあ、そのようにしちょったら、ええと思うぞ。これに罹かって、わざわざ死ぬこともあるまいからのう。その死ぬることを取ることも、あるまいであろう。のう。

わずかな人間でもいいから理解を進めてやりたい

さあそこで、今色々と、タネオより勉強をしちょるが、こちらえ来てちょっと勉強をすると、まったく違うものが見えるが、その見えるものを、タネオが一生懸命に説明をしちょるわけよ。その心を知って、勉強をせいよ。

よってこれを必ず、この日の本の上に公にして、わずかな人間でもええから、その理解を進めさせてやりたい。その思いが、強いわけじゃ。

しかし、その一方で、この真澄洞は、まことにささやかな生活を余儀なくされることが、ないわけじゃないが、どうかその、ささやかな生活を甘んじて受けて、生活をせいよ。

神事を修めたい者が来りゃあ、快《こころよ》う導いてやれ。何かの種になるぞ。

さあ、そうして、いろんなことをせにゃあいかんが、お前がやらにゃいかん最大のことは、すなわち、この「竹の園生」に入って、これを導いてやらにゃあならんことじゃ。何とか、その身を隠す方法を知って、より高貴な、天皇してやらにゃあいかんとぞ。日の本の陰に隠れると共に、これの天皇のしたに隠れて、導いてやれよ。その覚悟がだいぶできつつあるから、その覚悟が、新しい覚悟を作って、ちょっとずつその先が開いてくる。やらにゃあいかんことをやらんと、その先は見えてこん。

仙人が来る

それでのう、今日は具体的にワシから、その不思議のものは何んにも持ってこなかったが、明日《あした》から、いろんなものを持って来るから。いろんなものが来るから、それを勉強せえよ。自分で確かめてみんと、いかんぞ。その中に、一杯面白いものがある。それぞれ長短はあるが、お前のためになるものばっかりじゃ。そうしてまさに、仙人の修行の第一歩が始まる。わかったかのう。これは、ワシんとこへ来るその第一歩じゃ。

いろんな者が、いろんな物を持ってくるが、それらはお前に、名前を聞き取れ言うても難しいから、心配せんでそのまま貰ろうちょけ。貰ろうたらええぞ。それがのう、明日《あした》から、一二日間やる。じゃから一杯あるぞ。のう、本当に面白いものもある。恐らく、恐らく、この中のいくつかを身に付けるだけで、修めるだけで、お前のその「肉の衣」が、うんと軽くなる。そしたら、何が起きるかはわかるわのう。んー。そうして、いろんなことが起こるぞ。まあ、あんまり色々言わん方がええが、それを勉強をせい。

その六回じゃが、一回に二人来ることもある。みんな名うての、行《ぎょう》の達者な者ばかりじゃ。じゃから、色々その、その要領、コツじゃが、教えてくれると思うぞ。面白うなって来て、やーっとお前もここまで来た。のう。

今年は、九州のワシん所《とこ》まで来れんかったが、また時期を見て来るとええぞ。まあ、そういうことで、今夜は大した話にならんかったが、明日《あした》からのことがあって、そのことをちょっとだけ話しておいたぞ。面白いぞ。のう、飛んで、跳ねて、そうして、どこが見えるかのう。まあ、楽しみにしちょけ。[終]

次回から、榿触の郷からお越しになられた、仙人たちの話が始まります。どれだけ正確に受け取れたのか、心配ですがそのままに記します。読み易くするために、句読点の位置などは変えたり削除したりしてあります。また、仙人のお名前の受信も自信がありませんが、記しておきます。

二、「肉の衣」を消し飛翔させる作法

日の本の、九州の槵触の地より参りました。ツキアミソ仙人です。

ここに、日の本に古くより伝わっておりましたが、すでに消滅したことを述べます。これはすでに、紀元前一千年の前《さき》のことです。その「姿を消す」、また、「空高く飛翔する」、飛ぶ方法です。

しかし、紀元前の肉体と、今の肉体とは、少しその体質が異なっています。それは、動物の肉を食べるということだけでなく、少しずつ人間の、肉体そのものが変化を来たしているからです。それらを合せ、加味してここに述べます。

人間の構造

まず第一に、この人間の構造について、知らねばなりません。それは人間の五体、手、足、頭というのは、それぞれに持つ働きが異なるのです。医学的な、機能的な働きのことではありません。手というのは、手先から奇すしき光が発せられているのです。手先というのは指先のことです。また、同じように、掌《てのひら》からも、甲《こう》からも出ています。

そして、足は、ほぼ足裏と思ってよいのです。

頭は、頭上、正面、また耳と、それぞれに異なるものがあります。頭のてっぺんからは、これは上へ、または下への上昇下降の気流が働きます。この足の裏は、その上昇を速めたり、緩めたりす

る働きがあります。

目は、その眼光からは見る所に向かって、奇すしき光を発しているのです。したがって、暗闇《くらやみ》においても、物を見ることができるのです。まさに、現在のセンサーの付いた、このセンサーによって、眼前を見ているごとくであるのです。センサーによって障害物を見つけようとするのです。正面の眼に付いておるものが、何故に、上を見ることができるのでしょうか。いずれわかります。

この耳も、同じくように、奇すしき音、音波をも捕えることができます。

手の先から出ているこの光は、色々と変化をします。きつい光から、柔らかい光まで、色々とあります。それは、イナルモノに遭遇したときに、それを射止めなければならないからです。また、掌も同じように、奇すしき光を発していますが、これはおおむねに柔らかい、相手に対する労《いた》わりの光です。

このようにして、その五体を、この肉体を動かしながら、生きてゆくのです。まだまだ細かいところがありますが、これで良しとします。

「印」は言葉

今ここに述べましたのは、この身体を頭上に、空高く動かすための作法です。これは一つの大きい動きですが、ここにじっと座りながら、それらのことを行う作法、すなわち、手の「印《いん》」でもあるのです。

まことに「印」というのは、数多くあるのですけれども、その「印」の一つひとつは言葉であり、あるいは、一つの言語であり、それをつなげることにより一つの言葉となるのです。

したがって、それらの「印」を組み合わせ、続けることにより、言葉を伝えることになり、一つの現象が生じるのです。一つひとつの言葉は、それらの「印」の言葉は、真言仏教、すなわち、弘法大師・空海の中に詳しいことがあります。しかし、すでに違ってきています。そういう意味において、一つひとつの「印」を、事としてとらえているけれども、事ではありません。ひと連なりによって、一つの言葉を伝えるものでなければならないものです。それを読み解くことができれば、この真言仏教は、まことに貴重な財産となるものです。その一端を、これから伝えようとしているのです。それらを順に学んで欲しいのです。

ここに、師匠の槵触の仙人が、くれぐれも導いて欲しいのは、その「肉の衣」を消すことと、霊眼、霊耳を開くことであると伝えられています。それを、順次行いますが、人の道は難《がた》くもあり、易《やす》きもありますが、学びの道に壁を見つけることは進歩の証《あかし》です。

浮き上がる作法

まず、今回は、飛翔について述べよう。まことに簡単なことであって、眼前に合掌をし、ここにその言葉として、タネオの大神様の御許であるので、ここに、タ、ネ、オ。タ、ネ、オ。タ、ネ、オ。これだけで良いのです。この三音を、三回繰り返すことによって、タネオが成就をしたこととなるのです。すなわちこれは、「肉の衣」を消すための簡単な作法です。

合掌して、タネオの言葉を、急がずにゆっくりと、小さく区切って、タネオ、タネオ、タネオと、唱えます。

次に、その両の手を左右に開き、ここに両手の人差し指と中指を立て、薬指と小指を折り、その上に親指を重ねます。普通の「刀印」です。こうして両手を左右に開きながら、刀印を作ります。その刀印を、上に挙げ、それを前より後ろに向けて切ります。これを、三回繰り返します。

このとき、この指の先より出るところの力を推進力として、これを下に「ウッ」と打ち建てます。三回振った後《あと》、その刀印を下に、足もとの方に向け「ウッ」と力を入れます。

そのとき、ここに言霊が必要です。すなわち、ここに、フ、フ、フ、……、これは何回唱えてもよい。すると、体が浮上します。

飛ぶ方法

身体の浮くのを待ちます。浮いたならば、ここに初めて、この両の手を、その進行方向に向けます。まさに、テレビに出て来る漫画のごときものです。

あるいはこれを、後《うしろ》に向けることも可能ですが、普通には前でよいでしょう。この両手の向きを上下することにより、当然その方向を変えることができます。また、右に寄せれば右へ行き、左に寄せれば左へ行きます。これは、普通の飛行機と同じです。

したがって、両手を、上に上げれば肉体は上に行き、下におろせば下へ行き、この手の向きと同じです。この両手を、上に向け少し反ると、肉体は上に反りながら一回転をします。下向ければ、下に反りながら一回転をします。このようにして、空を舞うことができるのです。

降りるときは、その地を見つけて、ゆっくりとスピードを落としながら、地面と足裏とを平行にするのです。スピードを落とすには、掌を立てる。あるいは、足の膝を少し緩めます。かくして、そーっと降りることができます。

そして最後は、ここに、「ウッ」という言霊を一度発すればよろしいのです。

浮き上がるときの、タネオも、あるいは、浮き上がるときのフも、止まるときのウも、修練すれば簡単にでき、滑らかになるものです。

こうして、人間は「肉の衣」を消し、空を自在に飛ぶことができるのです。本当に、飛ぶことができるのです。これは、格別な所でなくてもよいのです。ご神殿の前で行うときには、大きくは飛べないけれども、浮き上がるぐらいならよいでしょう。外に出て、庭で行っても何の差支えもないものです。ご神殿で行い、少し慣れてくれば、外でやるとよいでしょう。神社の境内の中でやるのもよいでしょう。

格別にそのための神様は呼ばなくてもよい。すでに身体の中に、厳の神様はおいでになるのであるから、肉体を襲撃されるような危険なことはない。

ここに、「肉の衣」を消し、舞い上がることを述べました。まず手始めです。

先に伝えておきますが、これら述べる数々のすべては、タネオの大神様の御許に捧げるものですので、その広め方については大神様にお尋ねになってください。

三、身を隠す、飛び上がる、身を大小にする方法

九州の槵触より参りました。フリキマリ仙人です。

ここに述べますのは、前回に続いての身体、「肉体を隠す法」です。

これはまことに面白く、いかなる所においても使うことのできるものです。雑踏の中においても、あるいは、誰かと一緒に歩いていても相手に見られることはありません。ただし、相手は驚くでしょう。

これは、古来よりある肉体を隠す方法であって、これはその人間がどうしてもなさねばならないことがあり、そのために身体を隠し、そのままに何処かに移動するというものです。すなわち、肉

体を隠して、どこかに飛んで行くものです。肉体が相手に見えては、どのようにもなし難いものです。その不思議を不思議とさせないものです。

肉体を隠す方法

これはすべてにおいて同じですが、慣れてくると、言霊だけでできるようになります。ともかくここに、合掌をして、タネオ、タネオ、タネオと、ゆっくりはっきりと、三回を唱えます。街中で歩いているときは、口の中ではっきりと、タネオ、タネオ、タネオと言うだけでよいものです。

そして、左右に息を吹きかけます。その息は、自分を消すためのものです。

ここで、左に、フッ・フッ・フッ、フッ・フッ・フッ、フッ・フッ・フッ、右に、フッ・フッ・フッ、フッ・フッ・フッ、フッ・フッ・フッと、「フッ」を左右に三回ずつ三回唱えます。この「フッ」は、浮き上がるために唱えるのです。

前回に述べましたが、この「フッ」という言霊を九つ唱えることによって、自分の回りに壁ができるのです。この壁が、身体、すなわち、肉体を消すのです。

まことに簡単な作法で、何事もなく普通に行われることです。何でもない作法です。しかしこれが、自分自身に対するテリトリーとしての役割を果すのです。

これで、この自分の肉体を隠すという方法は終わりです。

肉体を現す方法

そこで、この肉体を現すためには、そのテリトリーを外せばいいのです。すなわち、最も簡単なのは、トッ・トッ・トッ、トッ・トッ・トッ、トッ・トッ・トッ・トッです。トッ・トッ・トッ、「トッ」という言葉の三回を三回、すなわち九回唱えます。これは一回でのトッ・トッ・トッの三回を、三回やるだけのものです。

正式には、同じような九回、九回を二回をやるのが正式となります。トッ・トッ・トッ、トッ・トッ・トッ、トッ・トッ・トッ、トッ・トッ・トッ、トッ・トッ・トッ・トッ、とやります。そうすると、そのテリトリーとした壁は消えるのです。

まことに簡単な作法であるが、しかしその中にいる、己自身は相手自身を同じように眺めることができる。まことに不思議な法であるのです。

しかし、自分が見えないことを、自分で確認することはできない。人に、知らしてもらわねばならない。見ることもできるし、聞くこともできます。それでも、五感は働き、諸々の外の空気を感ずることもできます。こうして、己の体《からだ》を消すことができるのです。

「肉の衣」を隠す方法

体を消す方法は、テリトリーを作るという方法の他《ほか》に、身体《しんたい》そのものの「肉の衣」を消すという方法もあります。如何にするか、その方法を述べましょう。

同じように合掌をして、タネオ・タネオ・タネオ、と唱えます。

先程と、同じようしにするのではなく、ここに続いて言霊があります。「日の本の奇《く》しき光に輝きて、吾が身薄く光抜けゆく」。これを、思いを凝らして何回か唱えると、その肉体はすーっと消えてゆくのです。面白いものです。ただそれだけです。

しかしこのとき、霊体はそのままです。「肉の衣」が薄くなり、相手の人間は肉体しか見ることができないので、自分の肉体は「透明人間」になったのです。こうして、「肉の衣」を消す方法もあるのです。

飛び上がる方法

「肉の衣」を薄くし、あるいはテリトリーで、相手に見えないようにしたのです。そこで次に、足の膝を少しく緩め飛び上がる態勢を作ります。ここで、軽く飛び上がって、下にトンと突けば、重力に逆らって、その身は上に飛ぶことができるのです。

何故ならば、その身は、まことに薄くなったのですが、これは軽くなったものでもあり、そのまま、一回軽く飛び上がってトンと突くとき、その体《からだ》は、そのまま飛び上がることができるのです。昔は、足の下にバネのついた竹馬のようなもので、飛び上がりながら歩きましたが、そのような足の下にバネがある思って、これをトンと突けば飛び上がります。まことに、簡単至極です。

このあと、どのように飛んで行くのか。それは、前回のように手で操縦をし、また、足で必要な所に、降りればよろしい。

ただし最初のうちは、どこに落ちるかわからない、心配なところもあります。もちろん、危険な所に落ちることはないので、その心配は無用です。

こうして飛び上がることができ、そのまま飛行することができる、まことに面白いことです。

身体を自在に大小に変化させる方法

次に、この肉体を、大きくもし、また、小さくもすることができることを、最後に述べます。

同じく、タネオ、タネオ、タネオの言霊を唱えます。

ここに、フト・フト・フト、フト・フト・フト、フト・フト・フト、この「フト」という言霊を九回唱えます。このとき、このフト・フト・フトを、左、右、正面と、三回ずつ、合わせて九回を唱えるのです。

そして、「ヤッ」と大声で唱えれば、大きくなります。大声というよりも気合を声に出して唱えます。

次に、同じく、タネオの言霊を九回唱えます。そして、シュッ・シュッ・シュッ、シュッ・シュッ・シュッ、シュッ・シュッ・シュッ、まさにそこを祓うように「シュッ」という言霊を、左、右、正面と唱え、「ヤッ」という同じ言霊を唱えれば、その身は、小さくなります。

このように、己の身体を自在に大小に変化させることができるのです。

しかしここに、大小それぞれの体重は、どのようになるのでしょうか。楽しみにおいておきます。まことに簡単な作法なのです。

日の本における行は、このように「言霊」を用い、その言霊の動きを知り、行うものです。その一つひとつの言霊の働きを知ることができれば、おのずともっと理解をすることができましょう。

今、当洞に鎮まっておられるタネオの大神様のまことに穏やかな御姿《おんすがた》のなかに、くさぐさの威厳ともいえる御力《おちから》、あるいは法力《ほうりき》をお持ちであられることを知るといいでしょう。これが「無から有を、産み出さん」とする力です。

ここに、身を隠す法、飛び上がる法、また、その身を大きく、または、小さくする方法を述べました。

四、言霊の響き

私は、九州は槵触の郷より来ました。ヤマヒコ仙人です。

今回述べますのは、奇すしい言霊の響きについて述べます。その響きの「音」のことです。

「音」の本質は言霊に

音は、物を打てば、木と木が当たれば、そこに、音を発します。しかしここに、本日の午後の気候のように、物が触れ合わずとも、雷鳴の如くに大きい音を発することもあります。この音の本質は、その言霊の中にあるのです。

例えば、「あ」、あいうえおの「あ」とあれば、その「あ」を音として発しなければなりません。あるいは、「あ」という音を、あいうえおの「あ」に記したのかもしれません。そのどちらが起源であるかは、ここには述べません。そのことは、日の本における、神代の世界における、その言霊の世界にまで遡るからです。

すなわち、コト（事）とコト（言）、後ろのコトは音《おと》のことです。言葉と、それを言葉に出した言霊とが対応するのです。ここに、一つの言語の空間としての言霊の世界が生まれます。すなわち、言霊の世界が、音声《おんせい》の世界として生まれます。この音声の言霊の世界のことについて述べます。

言霊の働き

すでに二回にわたり言霊を学んだのですが、言霊の作用、働きというのは、どれくらいの空間においてであるのでしょうか。言葉が発せられたとき、その響きはこの物理的な振動の世界だけでなく、一つの地域だけでなく、国全体、あるいは地球全体に広がることがあるのです。

さらに、太陽系全体にまで響く、轟くことがあるのです。それだけ、言霊の響きは長く、余韻をもって響きわたるのです。

響きは現世と幽世を融合

それ故に、祭典には「誉言《よごと》」——善言とも書きます——というものが存在をするのです。すなわち、この言霊は、現世《うつしよ》だけでなく、幽世《かくりよ》の世界にまで響くものであるのです。

このように、時間、空間を超えて轟くのです。この空間は、物理的空間というだけではないのです。時間も同じく、物理的空間ではないのです。そういう大きい範囲において作用するものであるのです。

この働きを知ることによって、言霊を自在に操り動かすことができるならば、まことにこの現世《うつしよ》、また幽世《かくりよ》の世界はひと連なりとして、現世《うつしよ》と幽世とが一つの世界として融合し、ことに有意義な世界となり、世界観を創ることができるのです。

また、この言霊の響きは、ひとりの人間の力量によって、力に応じてその轟く範囲、大きさが決まっているものです。それ故に、どの大きさの範囲において轟かせることができるのか、ここに修行があるのです。

言霊の集積がある

言霊は、このように広がり拡散をするのです。しかし、それらの言霊の行方は、如何なるものになるのかといえば、これは、水の上に石ころを落としたとき、その波の輪が広がり消えるように、完全に消えるものではないのです。すなわち、これは何処《どこ》かに集められ、集積をするものです。

すなわち、善きものは善きものとして、悪しきものは悪しきものとして、集積されるのです。そこに、「祓い」の対象となるのです。このような祓いの対象もあることを知ることは、祓いを行う者にとってまことに重要なことです。それを、日々においては、キリツマに祓うのです。また、「夏越の大祓式」、「年末の大祓式」において祓うのです。

また、その集められた悪しきもの、善きものの言霊は、いつか自分の身に返って来るものです。すなわち、反射し、木霊《こだま》して返るのです。しかし、またその返って来たものをも、同じように祓いによって落すのです。

人間の耳には聞こえない音

今、言霊の響きのことを述べましたが、すべての音は、このようなものをその中に秘めているのです。

ところが、人間の耳には聞こえない音もあります。その音は、おのずとこの宇宙空間に拡がり、また集められるのですが、幽《かす》かな影響しか与えることはありません。影響は微かであるのです。しかし、この地球《ちだま》の上において発生した、例えば、戦争をした、事故が起きた、爆弾の実験をした、その他そのような音は当然に集められ、その反響が返って来ることとなるものです。

言霊は力を持つ

そこで、言霊はこのような動きを持つけれども、今一つは、その言霊は生き物の如くに力を持っておるのです。時間空間を超越して轟くのですが、また一方において力を持つ、威力を持つのです。そこに効果が生まれるのです。

この効果を用いることによって、人間は、人と人との関係に滑らかさ、円滑さを見出したのです。

また、人間は神様との間に関係を築き、その時間空間を超越した言霊の響きと、言霊の威力でもって、この幽世《かくりよ》のみならず、現世《うつしよ》にまで力を与えて来ました。それが神様の発する「詔」です。

さらに、人間は、この言霊を己の御霊の向上として使うこともできるのです。言霊によって、この己の体《からだ》を宇宙空間にまで拡大をし、その力でもって、己の中を浄化します。すなわち、御霊を浄化するのです。このようにして、御霊は浄化されてゆくのです。

神様の発した「詔」を聞く方法

言霊というのは、このような色々な働きを持つのですが、「これまでのように」それを表面的にとらえただけでは、その力を発揮することはできないのです。

そのようなことを伝えた上で、神様の発した「詔」を、人間が聞く方法があるのです。今回は、それを伝えます。

その方法は、耳の中に音を伝えます。低い音から、次第に高い音にまで、順にその音を高くしてゆきます。最も良いものは、楽器としてピアノのようなものです。しかしこれでも音域が足りません。もっと音域の高いものを用意して、その音を、日に異に仕えまつる御祭りの最初と最後、少なくも二回は聞くことによって、耳の中に捕えることのできなかった音域の中に、神様のお言葉が入るようになるのです。

また、神々だけでなく、正位の明神の発せられるお言葉もここに入るのです。

音を聴く

このように、音の高さを次第に高くするものを用意して、一つの作法とするならば、まことに良き一つの祭典の行事となるものです。また、この音の中に祓いの効果もあるのです。音は、このような力と効果があるので、毎日必ず一分間ほどは、するのがよいのです。ぜひ残したい作法です。

先に、タネオの大神様が、日々あるいは御祭りにおいて、「風鈴の音」を入れるのは良いことであると述べられたのは、このことです。

「風鈴」をご神殿の横に置き、紐を引き揺らしながら鎮魂《たましずめ》を少しだけするとよいでしょう。良き霊聴を聞くところの、一つの行となります。

これは、色々な風鈴においてなすとき、人間の認知能力も発達をし、ボケ防止においてもまことに効果があるものです。ぜひ、皆様に伝えてもよいものと思いますが、それは、タネオの大神様にご相談をしてください。

今回はここに、音の力について述べました。この当洞にある風鈴の音は、まことに美味《うま》しものです。その聴こえない音をも合わせ持つものです。

次回は、さらにこの言霊のことについて、この続きを別の者が伝えます。

五、絶対的、静謐な、清浄な空間

私は、九州は槵触の岳より参りました。クシミミトの命です。

前回に続き、この音について述べます。

「事」

「事《こと》」と「音《おと》」との違いについては、前回に述べました。しかもこの「事」というのは、「字に書いた物《こと》」と、実際に見える「存在をする物《もの》」との二つあります。

字に書いた物の「こと」と、存在する「物」との間に関係があります。これが護符《ごふ》となって、守り札などの「祈願符」となります。また物としては、これが銅像となり、あるいは仏の道においては「仏像」となります。

ついでその「願い事」が成就できるように祈願をしますが、そこに、祈願の文言《もんごん》ができます。実際に存在する仏像に対しては、これを言葉で伝えます。さらにこのとき、その言葉を完全にするために、人間は手で「印を結び」、その「願い事」の成就を祈願します。

さらに、厳重にするために、この祈願を火の中に入れて、祈願をすることもあるのです。

このように、「こと」というのは、色々な多くの広がりを持つのです。

「音」

一方で、「音」については、前回に述べた通りに、時間空間を超越して、遠くにまで鳴り響きます。この時間は、今のこの瞬間の時間だけでなく、今発しているこの時刻から、過去世《ぜ》にわたっても、また、未来世《ぜ》にわたっても鳴り響きます。

すなわち、今のこの時間を、無限の彼方に置くと、そこからさらに、過去世、未来世にわたって無限に伸びてゆくのです。音は、そういう、時間と空間の中に置かれているのです。

また、この空間というのも、今目の前にある現実の空間だけでなく、幽界《ゆうかい》を含めたところの空間です。したがって、我々の住むこの空間は、神界を含めた、また幽界冥界を含めた、まことに広いひろい空間でなければならない。この広い空間の中において、己は、存在をするのです。

さらに、この空間は、その原点を今という一点でなく、過去世の中に据え置くことができます。また、未来という時間軸の上にも置くことができるのです。まことに、まことに、不思議なような、この空間であるのです。

神様は絶対静謐・清浄な空間に存在

その中に、今、存在する人間は、それらの時間空間を認識することのできる存在として、まことに極めて重要な存在であると言わなければなりません。

すべてにおいてこのように捉えるとき、その時間空間の中には、何事も遮ることのない、絶対に静謐な、まことに清浄な空間が出来上がるのです。

しかし、この中に己の存在の根を、源を探るとき、己一人《いちにん》でなく、血筋というものが存在をしてくるのです。その中に歪んだものがあり、この空間を歪めているのです。

神様というのは、「本来において」この絶対的に静謐な、清浄な空間の中において、存在するのであり。また、立つのです。

この空間を歪めるものが、その人間の業因縁であるのです。

しかし、今ここに存在する己は、「血筋からくるような」それらのものすべてを引き受け、いささか歪んだ空間を歩まねばならないのです。この空間は、ここに存在する一人《いちにん》の持つものであるのです。

認識できる存在の人間は、すべてにおいて、この絶対的、静謐な、清浄な空間を持つのです。すべての人間に共通な、その絶対的、静謐な、清浄な空間であるのです。しかし、認識できるところの一人一人において、その「歪んだ」空間は異なるものであるのです。

神の稲妻が光る

この絶対的、静謐、清浄な空間の中に、神の稲妻が光る。それは、光であり、音です。そのとき、歪んだ空間がおのずから矯正される、正されるのです。歪んだものが正されるとき、神の稲妻は、その認識できる人間の中に入るのです。こうして、神様の雷鳴《らいめい》は、人間の力となるのです。

しかし、そのような雷鳴は、いつも轟くものではありません。

ここに人間は、その絶対的、静謐、清浄な空間を願い、その歪んだ空間を矯正するために神様に祈るのです。その祈りにおいて、ここに人間の「言霊」があり、器物を使うならば、その器物の持つところの音の力によるのです。その器物は、道具によって、物によって、色々な音を発します。

人間が、その己の根源の歪んだものを正すために、源に返ろうとするならば、悠久の昔に返ることとなります。これこそが、人間の「原罪」ともいうべきものですが、そこまで、神話の世界にまで辿ることは必要ありません。

しかしながら、この文化文明が開かれた二千年は遡《さかのぼ》り、清浄に、矯正に、勤めねばなりません。

人間は、人間として生まれた本来の宗教者というものは、このようにあらねばならないものです。しかし、現実の宗教者はこのようにはありません。また、生業《なりわい》をする者にも、その自覚はありません。

誉言を唱えると

そこで、すべてにおいて、その御霊を鎮め、己の霊線を整えるための最大の方法は、神々の誉言を唱えることであるのです。天照大御神と、大国主命の誉言を唱えるならば、その言霊は己が発したものであるけれども、神々の発した雷鳴となって轟き、時間空間を超越して、稲光は己の存在を矯正し、健やかにするものです。

すなわち、この光は、己から己の根源にまで遡《さかのぼ》って、時間空間を超越しながら響きわたり、その過去世に存在する御霊の上にも届き、これらを清浄とするのです。この誉言こそが、最も貴い言霊であるのです。

次に、匹敵をするのは、「高い音《おと》」であるのです。高い音を発することは、その働きの一助となり、己を助けるものです。現在において、高い音を出す最も良いものは、金属を使ったものです。これを鳴らすことによって、助けとなるのです。

その金属の音《おと》が高くなければ、簡単に己に近い御霊の上にかかり助けにならないのです。仏事においても金《かね》を使うのは、そのような意味があります。

この言霊を、大神様たちの善言というものを大切にして、唱えていただきたい。如何なるものにも、勝るものであるのです。

全相をとらえる

仏事における、お題目を唱えることもありますが、その力は、お題目の働きにおいて伝わるところが大きいので、ご本尊の御力の部分的となるものです。その全相をとらえたものが、ご本尊のお名前そのものなのです。

人間のことで譬えるならば、人間の姓名を正しく読みあげることが、その人間の全相です。仇名《あだな》を付けて呼んだものは、その人間の一部分をとらえたものであり、全相とはならないのです。全相とは、「まったき、すがた」ということです。

ここに、言霊というものの意義を、まったく別の哲学的・認識的なことで述べましたけれども、そういう時間空間を外《はず》した世界の中で、我々は存在しているように見えるけれども、実は、そういう働きがあるものです。――時間空間の世界の中で我々は、存在している――働きは延々と、日々に行われ続いているのです。我々はそういう世界の中に生きておることを、自覚をして生きねばならないのです。

以上でもって、私の今回の務めを終わります。次は、さらにこの「事」と「音」について、述べることとなります。

六、祭祀を学ぶ

私は、槵触より参りました。ヤホホミの命です。ここに、貴照彦殿に述べます。

教会における鐘の音

日本、外国《とつくに》と変わらず、事《こと》と、音《おと》のことについては、存在をするのです。前回の続きですが、この「教会」における鐘《かね》の音《ね》は、まさにそのことを伝えるものです。

この教会の澄んだ、高い、連なった音《おと》の響きはまさに天に向けて発するのであり、その高貴さを象徴するものとなるものです。さまざまな楽器が考案され、創造され、造られて来ました。それらは、この教会の音とひと連なりのものであるのです。

この演劇が作られ、その中から歌う劇が生まれ、オペラのようなものが作られ、そこに、人間の奇しびな音が生まれてくるのです。これらは、まことに高貴なものであります。一方において、その力が人間に作用をしてくるのです。人間の頭脳に、良い影響を与えるのです。

キリスト教における、「ミサ」は、一つの祭典としてまことに重要なものを支えていますけれども、これは神々に対する祈りであるのです。「レクイエム」は御霊に対する鎮魂《たましず》めです。――鎮魂でなく、罪を軽くする祈りのようでもありますが――そこに、「教会」の鐘や鈴の音というものが、鎮魂めとなるのです。

このように、祈りを届けようとするものが、教会における祈りの大きいところです。教会におけるハレルヤ唱や合唱とか、これらはすべて高音域です。こうして、御霊を癒し、神々を讃えるものです。

風鈴の音

日の本における祭祀と楽器のことは深く入ることはできません。ここにありましたのは、弦《げん》を弾く琴の音《ね》でした。これは、神々を降神するためのものです。古来より、御霊を慰めるということがありましたが、御霊に対して具体的、直接的でした。

このような、祭典、祭祀における違いの中において、この音《おと》というものの働きに、用い方に大きく違いがあります。当然、今もあるのです。

そこで、日の本における祭祀として、このような金属の楽器を使った慰霊《みたまなごめ》、御霊《みたま》癒しというものがあってもいいのではないかと、考えるのです。それが、先ほどから述べている風鈴の音《おと》を取り入れるということであるのです。

当洞における「明魂祭」において、この鈴を用いることはまことに良きことです。しかし、普通の慰霊祭においては、この鈴の音《ね》は、少し音《おと》が高すぎるところがあります。それに対しては、「土鈴《どれい》」のような低い音《おと》のものを使うと良いのです。カラカラとしたような音《おと》を使います。これは、慰霊《みたまなごめ》としてつねに行うとよいものです。

音《おと》の響きについては、これまでに述べてきたことから、理解いただけたと思います。

特に、音《おと》が鳴る、音《おと》が聞こえるということは、無ではないですが、耳に聞こえないような音《おと》のその先に、有、生まれるということが行われるのです。すなわち、「無から有が生じる」、そのようなことを考えねばなりません。

「竹の園生」における「新嘗祭」において、畏くも天皇陛下が頭を下げられ、その鈴の音を聴かれるのは、まことに同じ心であるのです。

当洞においても鳴らすのですが、まことに結構なことであると言わざるを得ません。すなわち、平素の祭典においても、この鈴を鳴らすということは、まことに貴いことです。

神社では倭舞などの御神楽が行われ、鈴を鳴らしていますが良いことです。

いずれにしても高い音を用いるものが良いのです。そして、その余韻に浸《ひた》ることです。

「凜」

仏事において「凜《りん》」を鳴らすのは、これを柏手《かしわで》の代わりとすることは、本来の使い方ではありません。本来は、神仏に対するものであり、御霊に対するものであるのです。しかし、御霊に対しては、今述べたように音が少し高いのです。ここに木魚などを使います。

祝詞の中において、良き「凜」を時折に加えながら、大祓詞を告るということもまた一つの考えです。

今、キリスト教と、日の本の神道あるいは仏道について考えましたが、ほかの宗教においてもこのことを考察するとよいでしょう。キリスト教についてはこのように説きましたが、ほかの宗教に対しては、その華美な面、はなばなしいところが表面的に現れ、その祭祀の本質が見えないところがあり残念なところです。しかし、本質は、今述べた通りであるのです。

このようにして、その祭り事、祭祀というものを作りあげることができます。明年は、お山に上がられ、我々の御許に来られる由を賜っておりますが、――残念ながら、新型コロナウイルスの影響で旅行は中止になりました――そういう祭祀、祭り事につて、ぜひ見分を広げて欲しいものと願っているのです。

またそこに、どのような物をお供えするのか、祭祀において、その神主、導師、および、そこに相勤める者の心得などを是非知って欲しいのです。

また、他の宗教について学んで欲しいと願っています。

これで、私からは終わりといたします。次に、控えている者が参ります。

〈槵触女仙人〉のお言葉

私は、槵触より、来た者でございます。ホアハナの命です。

槵触の郷は、男ばかりでなく、女もおり、女仙人もおるのであります。男と同じように努めているのでございますが、またそこに、おのずと行《ぎょう》の違いというものがございます。


男女の御霊の構造の違いによって修行をするものも違ってくる

今まで、人間の御霊として、男と女の区別はしてこなかったようにお聞きをいたしております。そこには必然的に、異なるものがございます。また、その御霊の構造の違いによって、修行をする勉めも違ってくるのでございます。

まことに不思議な心地がいたしますけれども、それは何故かという理由を申します。人間として誕生をしたとき、男と女の違いにより、必然的にその仕事の役割が異なって来るのでございます。

したがって、「ミヨ」が「ミヨ」として帰るとき、すなわち、人間に「ミヨ」として付き、働きをして帰るとき、そこに働きの違いがございます。男と女の構造の違いは、ほとんどございませんけれども、一つだけ違うものがございます。

それは、生まれるにあたって、地上に誕生するにあたって、大国主の大神様より賜るところの「詔」の差でございます。そこに差があり、勤めることの内容も違って参ります。男はその性分として、力があり威力があるのでございますけれども、女はどうしても、ここに受け身となるのでございます。そこに、詔の差というものがございます。

その詔の差というものが、現世《うつしよ》を生きて終わった後《あと》において、もちろん使命を果したか否かということが、問われるのでありますけれども、それは置くとしまして、その、女としての詔、それが重要なのでございます。

現世《うつしよ》の生活を終わった後《あと》の新しい人生が、控えておりますけれども、そこにおいて、また新しい精進の道がございます。その中に、非常に大きいものが、この肉体の構造の中にあるのでございます。それを知るならば、男と女の、幽界に帰った後《あと》の修行も、おのずと違ってくるのでございます。

ここで、今、事《こと》と音《おと》との話をしている中において、このようなことを何故に述べるのかと申しますと、その中に、この男と女の修行の違いが、含まれておるのでございます。

仏教では、「女人《にょにん》、救われず」とも言われましたけれども、そのような意味合いの一端は、この事と音との違いにございます。

大変に機微な、まことに大切なことでございます。これからそのことについて、さらにお伝えをいたします。その言葉の先導として、私が参った次第でございます。したがって、また次も、女仙人でございます。

七、男女の修行の違い

私は、九州は榿触の郷《さと》より参りました、マスミヒラキ姫命です。マスミヒラキ姫命でございます。

私は、榿触の大仙人に、お仕え申し上げている姫でございます。


釈迦牟尼仏のもとに無量の諸仏が現れた如き

貴照彦殿に、榿触にも、女人《にょにん》の修行があることを伝えて来なさいとのみ言葉を賜りまして、ここに下がった次第でございます。

この榿触の郷《さと》はまことに奇すしくありまして、また、荘厳《そうごん》な宮殿であるのでございます。それは、地球《ちだま》の上のヒマラヤの上にあります少彦名命の宮殿の、その日の本における宮殿でありまして、そのヒマラヤの宮殿の、日本版のようなものです。干《ひ》からびた山中《さんちゅう》に、動物たちと共に跋扈《ばっこ》するものではありません。

これに、タネオの命様のご命令を受けて下がりましたが、今回に下がられた仙人たちは、大仙人の御許《おんもと》において、技《わざ》の勝れたる神人《しんじん》、神人《かみひと》なのです。まさに、ヒマラヤの麓における釈迦牟尼仏のもとに、無量の諸仏が現れたような如きなのです。

男女による修行の違い

さて、私が今回伝えることとは、男《おとこ》と女《おんな》の、その修行の違いのことです。

男は修行において、事《こと》、物《もの》、物体《ぶったい》を使うのです。これは霊的な物体であることは当然です。

しかし、女は、光《ひかり》また、音《おと》を使うのです。

この違いは、まことに大きくて、そのことを悟らなければ、男の女、また、女の男となって、その行く手には大きい僻事《ひがごと》が待ち構えて、苦労をすることになるのです。これは、御霊が下から上にあがるにしたがって、その階段を登るごとに異《こと》なるのです。

男は山に入《い》り、険しき行《わざ》をなし、またそこに、住む動物たちを手なずけ、また、滝に打たれ、水に禊をします。

女は、そのことを少しは真似をして行《わざ》をしますが、鎮魂《たましず》めのことが多いのです。ここに、奇すしき音《おと》を聞き、真澄の音《おと》に心を澄ますのです。

食べるもの

男の食《め》すものは、動物などの荒々しいものですが、次第に少なくなってゆきます。

女は、動物の肉などは少なく、魚《さかな》と木《き》の芽や、野菜などです。その味には、美味《びみ》なものがあります。


汝は、我々の槵触の郷に入ることになっています。この郷に入《い》る者は、身罷りて後《のち》に来ることはないのです。ほぼ、現世《うつしよ》にあるとき、奇すしき行《わざ》の選別《せんべつ》があり、選ばれた者なのです。

また、日の本の人草のみならず、外国《とつくに》の人草も居るのです。

天津神の皇孫のご降臨の地

この槵触の郷《さと》は、槵触の岳《たけ》は、「ナナヤの宮」に直結した大きい神仙郷《しんせんきょう》であるのです。故にこそ、天津神の皇孫《すめみまのみこと》のご降臨があられたのです。

このようにして、槵触の郷はまことに高貴なる世界であるのです。住む諸神《もろがみ》たちは、ナナヤ大神の御依差しのもとに、動かれるのです。

ここに、男と女の御霊の修行の違いのことを述べました。

しかしここに、私は、幽界や冥界にある御霊のことを述べたのではありません。槵触の郷のことなのです。

かくして、事《こと》、音《おと》がありますが、現世《うつしよ》にあってそのことを学ぶに、修行に、違いのあることはありません。光また、音によって、御霊を磨くのです。

最後に明朝、畏くもタネオの命より、スメラミコトのことを伝えます。

私は、汝が御山に入ったとき、目文字《めもじ》のことがありましょう。

八、大神様のお言葉

〈タネオの命〉のお言葉

吾れは、タネオの命です。吾れはタネオの命です。

汝、穀断（断食）ちて、二週間の満願の大佳き日をいよいよここに迎えました。私の「願い事」のままにあることを嬉しく、感謝をします。

ヒマラヤに上空の別宮の如き宮殿

汝、槵触の私の師匠の弟子たちが、くさぐさに告りました。その心はわかってくれましたか。ここに伝えました「事」と「音」とのことは、言霊の中に深く沁み込んでいることであるので、険《けわ》しく分けて述べるのです。

しかしここに、「槵触の郷」がどのようなものであるかがわかったことと思います。地球の上の最初の奇すしき宮殿が、ヒマラヤに上空に建ったことはすでに述べました。それの別宮の如き宮殿が、日の本の槵触の岳《たけ》にあるのです。

さらに、地球《ちだま》の上の四か所に荘厳な宮殿が存在するのです。一つはアメリカです。一つは南米です。一つはヨーロッパです。このようにその荘厳な宮居のうちには、奇すしき者たちが働いているのです。

ここに一つ加えるのは、アフリカ大陸の中に奇すしき宮居がありましたが、今はその力が衰えているのです。今はこれ以上に、このことは述べません。

「紫」のスメラミコト

しかしこれが、「槵触の郷」の奇すしき宮居に、畏くも天照大御神の皇孫《すめみま》の命のご降臨があったことです。このことは、まことに奇すしき日の本と思わねばなりません。

これらのおのもおのもの荘厳な宮居に、天津神々のご降臨のありましたことは、当然なことです。けれども、その元を絶ってしまっているので、今は天津神はいないのです。これは、天照大御神の御子ではありません。

しかしここに、その皇孫《すめみま》の命のご降臨よりすでに五千年を迎えようとするときにあって、いよよ「紫」のスメラミコトを、産み出ださんとしていることです。まことに奇すしき「紫」のスメラミコトの誕生を、未だ誰も解きほぐすことができていません。

二名国は「フタ」の国

奇すしきことですが、汝《な》が御霊落ち（誕生）については、そのフタの中に理由《わけ》はすでに伝えてあるので、知っている通りです。

また、吾れタネオの命は、現世に人間として誕生しヒマラヤの麓において修行したのですが、再び生まれ落ちて、この「槵触の郷」において大仙人に導かれることとなったことも伝えた通りです。

汝、九つの国よりなる九州は、これ槵触の奇しびの国です。汝の誕生した、二名《ふたな》の国は、また奇しびの「フタ」の国です。三島とあるのは、御霊の「ミヨ」のことです。──四国には、大山祇命の鎮まられる大三島があります──

おのもおのもの大八島国《こく》、その御名のうちに裏の言霊のことがあるので、またこれを読み解かねばなりません。これは「字《じ》ずら」に捕らわれてはいけません。すべて表と裏の意味があるのです。そのことは、事《こと》のある意味なのです。

八神殿の神々

さらにここに、「竹の園生」のことを述べます。「竹の園生」に、八神殿《はっしんでん》のあることは、すでに知っていることと思います。この八神殿の神々は、スメラミコトが日の本を治めるに当たり、秩序と調和を保ち、統一の世界を作るべしと、おのおのもに祈り祈願をせられた神々です。それらの神々を祈って来たから、今日の佳き時代を迎えたものです。

しかしながら、この八神殿の神々は、まことに異《い》なることに、時代の流れの中において僻事のことが多くあり、その「願い事」の如くならないことがありました。吾れ、ことをまた仔細に伝えます。このことを調べておきなさい。

ここに、大きい御力を持っておられる鹿島・香取の大神様の武士《もののふ》が護り固め、その道を護らんとして、「竹の園生」の歩みがあるのです。そのことを、しっかりと見なさい。すなわち、鹿島神宮、香取神宮、春日大社、石上神宮などの大神様の行幸がここにあるのです。このことは、しばし後《のち》のことです。ここにその警護が固まります。

吾れ、このたびのことを嬉しく思います。

いよよ、畏くも大山祇命、次に、住江大神のご降臨がありますので、大詔を賜いなさい。汝《な》、このたびのこと、速やかに学び直しなさい。

さらに、この秋の真澄祭、また大山祇命の年大祭に、新嘗の御祭りにと続きます。新嘗の御祭りには、畏くも宗像大神、また少彦名命のご降臨があられます。［終］

九、大神様のお言葉

〈大山祇命〉のお言葉

吾れは大山祇命なり。吾れは大山祇命なり。

汝、貴照彦このたびの行《わざ》つつがなく終へしは、まことに目出度しや。このたびの行《わざ》まことに奇しく、その範囲のまことに広大ならんずや。吾れまことに、嬉しや。

しかして汝、これ日の本の上、まことに奇すしき「宗教哲学」の、あるいはまた奇すしき世界のこと数々とありしなり。これ『神界物語』もちて、これが皇国《すめらみくに》の人草たちの上に、指し示すべしや。その大きい光は、今ここにあらずもその灯台の光を求めて、寄せ来る者たちのあらんず。これが「真澄の哲学」を、日に異に仕《つか》へまつりて、日に異に哲学を伝へんずなり。

汝、このことまた奇すしき行《わざ》なれども、吾れらナナヤにて計画《みはかり》しことなり。さらば汝、心やすくあるべしや。

汝、いよよ明年の春、これさらに、畏くもタネオの命より、奇すしき行《わざ》の数々を賜るべしや。そはまた、これ幽界・冥界に続きてありし、奇すしき世界のことならんずや。こたびこれ、「槵触の郷《さと》」のこと学びしは、まことに目出度し。さらにこれに続かんずの、その世界なるなり。

しかして、「竹の園生」に鎮まりし、八柱《やはしら》の神々、八神殿のこと学ぶべしや。さればこれ、日の本の如何に進まんずやの、そのこと明らかとならんず。吾れらこのこと、現世《うつしよ》に降《くだ》されんずを、大いに嬉しみ奉るなり。

汝、貴照彦、吾れ嬉しや。吾れ嬉しや。［終］

十、大神様のお言葉

〈住江大神〉のお言葉

吾れは住江大神なり。吾れは住江大神なり。

汝貴照彦、吾れ嬉しや。吾れ嬉しや。

こたびの行奇《わざ》すしくありて、これ日の本における大いなる灯《あか》りとなるなり。

これ奇しびなる世界を説けども、これ作り話にあらずして、まことにそのもの［そのまま］の世界なり。

これ、古きよりくさぐさの「『古事記』などの」話の作られてありしも、その話の数々は正確ならず。ここに「詠み人」たちの誤りもあらんずもこれ、人のしからしむるところなり。これその話の伝わるに従ひて、その「言の葉」は、これ筋道の通る如くに整えられたり。されども、これ、その事実にあらずなり。

汝これが、日の本に新しく、その神話を作るべしや。すなわちこれ、『神界物語』なり。地球の上、また幽世の世界、現世《うつしよ》、過去世、また未来世と自在に駆け巡るべし。いよよ次第に、その駆け巡る音《おと》の聞こゆるなり。

これ、これより明年の葉月までに、仔細に記しおくべしや。また葉月に、くさぐさの稔りの開けしは、また大いなる世界の、「ことで」あるなり。

吾れ嬉し。吾れ嬉し。

貴照彦、タネオの命良き師として、学ぶべしや。［終］

十一、［追加］神仏と真澄神

ここで、行の最中ではないが、明寶彦先生、すなわち、門田先生の動きについて述べておくといいかと思われますので、H家においていただいたお言葉を記しておきます。しかし、話としての筋は神仏の関係についてのことであり、細かくなります。

〈正一位タケシツカサ明神〉のお言葉

正一位タケシツカサ明神です。正一位タケシツカサ明神です。

明寶彦先生の伝言

本来ならば、汝らが師の明寶彦先生がお越しになられると良いのであるが、すでに承知の如くに、明寶彦先生は畏くも太陽神界にご修行遊ばされておられ、本来はこの葉月の中の日までには帰る予定であったが、少し遅れて二十二日の秋の『真澄祭』に帰り、真澄洞に声を出すことと相成る。よって今日ここに、小生タケシツカサが参ったのである。明寶彦先生より賜ったことがあるので、それらに対して少しタケシツカサが付け加えて伝えておく。

このH家に、真澄大神をお迎えしたいというのは、これは門田先生のご希望であられて、先生がH家を導いてやりたい。そのようなお心のうちにおいて、これを始められたのである。まずもってそのことを、肝に銘じておいて欲しい。

そして、ここに真澄大神を賑々しく、まことに麗しくお祀りをし、お迎えをすることができたのであるが、ここにおいてその真澄神と、今までのこの仏の世界とにおいて、ここにバランスが崩れて来て、バランスが崩れておるというのではないけれども、今まで仏の世界が主流であって、比較的自由に行動をとっていたものが、ここに真澄神がお迎えをされてたことによって、その平衡が崩れてきておるという意味である。

これはどこの世界においても同じであるけれども、要するにその状況が、どのようなものであろうかということを糺されたのが、今日の真澄洞・貴照彦殿の祝詞の心のうちである。そこにおいて、これから若干付け加えておく。

神仏混交

この神仏混淆という問題、あるいは、神仏の併祭という問題は、どこの家においても、あるいは、これが今はなくなったけれども、戦前まであったところのその神仏混淆の問題である。けれどもここに大きい、平衡感覚、平衡感の崩れる問題があった。どのようにしてそれを、バランスを取ってゆくのかということが、起こったのである。

特に、真澄神ならざるところの神々と、仏たちの世界とにおいては、大きい平衡感覚が崩れるということは、それ程なかった。ところがここに、真澄神、すなわち、天照大御神、また少彦名命、住江大神、大国主の大神様と、真澄神を迎えるところにおいて、その優位性は、真澄神の優位性というものは極めて大きいものである。そこにバランス感覚が大きく違って来ておる。

そういうような問題がここにおいて、H家において生じて来ておるのである。すなわち、真澄神と、その自由に動いていたところの仏たちの世界とは違うものである。その仏たちが自由に、H家の上において動いていたものが、ここに真澄神という大きいものを迎えたが故に、動きに対して、いわば畏《かしこ》まって不自由を来たしておる。まあ言わば、そのような状況になって来ておる。

調和のとれた祭祀

その仏たちの、その自由さが色々と支障を来たしてきたところもある。そういうような問題を、門田先生は、とくとご覧になっておられたものと想像する。

そこでそういうアンバランスさを、真澄神を中心としたところの、仏たちの世界を作りあげてゆくということは、それが正しい神仏の「祀り方の」方法であるのであって、それは間違っている方法ではない。だから、そのような方法に、これから少しずつ作りあげてゆかねばならんのであるが、これを調整してゆくのには、まだ恐らく数年はかかるであろう。そうすることによって、このH家のこのご先祖の御霊たちも、次第しだいに深いところにまでその救済の船が届き、明るい世界へと導かれてゆくことになる。大体のところは、わかっていただけようと思う。

そこで、そのままで祓いをしながらお祭りをすることによって、少しずつ整えられてゆくのであるが、ここでぜひ、八幡宮にお参りをし、「鶴ケ丘八幡宮」の雄走りを頂戴し、このH家の守りとするように、「御札」をいただくとよいと思う。そうして、祓いをすることによって、少しずつその調和が取れてゆくようになろうと思うのである。言わば、一つの建物［ご仏壇］の隣に、大きいビル［ご神殿］が建ったようなものである。ぜひ調和の取れたこの祭祀をし、大きい仏の道の伝統として、この仏の光りをも、大きく輝かすようにしてやって欲しい。そうすれば、バランスの取れたところのものになって行くと思う。

また何かの折に、直接に明寶彦先生に、お聞きになるとよろしい。

明寶彦先生は、いよいよ霊力を向上させ、新しい日の本の造りの上に貢献されるのである。［終］

（令和二年八月十八日　H家月例祭）

十二、大神様のお言葉

〈大国主命〉のお言葉

吾れは、大国主の命なり。吾れは、大国主の命なり。

吾れ嬉しや。真澄洞《ますみのほら》、貴照彦。吾れ、明年はよろず手を尽して、な、貴照彦と日会うなり。吾れこれ、固く約束を、なすなりや。くさぐさ誘いければ、しばし待つべし。

しかして、いよよ惟神の道、究めるや。吾れ［善言］、少しなり。［終］

〈須佐之男命〉のお言葉

吾れは、須佐之男命なり。吾れは、須佐之男命なり。

吾れ嬉し今日の、吾が御祭りの大佳き日。吾れ、上津彼方を祈り奉り、それ、天津日の大御神の、吾れ大詔を賜りたり。

それ、日の本のみならず、地球《ちだま》の上険しくありしや。このこたびの災いは、これが霜月にてほぼ静まらんずや。しかして、これ、明年に至りてワクチンなどの不要となるなり。これ天津神の大詔なり。

汝この険しきときを祈りまつりて、神無月しかして、新嘗の御祭りの大佳きとき、天津神々の詔賜うべしや。

今し、ナナヤ大神の詔ありし如く、吾れナナヤの修斎殿におきて、汝と目会うなり。

吾が奇しき宮殿は、これまことに、まことに大きなる次元の空間を有してあり。そのおのおのもの空間において、御霊どもは己が業を果してあるなり。汝《な》、これ見るべしや。

このたびのこれが『神界物語』は、さらにいよよ発展するなり。この世界のことを具《つぶさ》に記さんずや。しかして、天津神の世界、また奇すしくあるなり。これら、奇すしき神々の世界への誘いは、これ多くの龍神《たつみがみ》たちにして、汝を誘うなり。

いよよこれ、大いなる計画《みはかり》のあることとなり。これタネオの命、奇すしき汝を導くなり。吾れ嬉し。大佳き日、伝へたり。［終］

〈正一位　明寶彦命〉のお言葉

石黒さん、明寶《あきみたから》です。明寶です。

ご無沙汰をいたしておりました。まことに忝《かたじけな》く、上津彼方の天照大御神朝廷におきまして、格別のおもてなしを頂戴し、そしてそこで、また多くの行《ぎょう》を行いました。本来ならば、石黒さんとお山で会う予定でしたが、こたびの、新型コロナウイルスの関係で、無くなったということ［を知らされました］でした。

丁度よい時と思いまして、この白金龍神のご案内を得て、水星と金星の世界へ参りまして、久方ぶりに、そこを覗いて来た次第です。それらのことはまた何かのときに、少しでもお話ができればと思いますけれども、今日はとにかく、畏くもナナヤの大神また、熊野大権現の雄走りの後でございますので、そのことを少しだけお伝えして、務めを果したいと存じます。

ナナヤの大神様には、お山で会う予定でございましたけれども、家内［門田］あい子の正位の任官式ももうこれ以上の延期は無いと、言われていたわけですけれども、それらを［さらに］延期をし、一年の延期をしたわけであります。先に、貴照彦さんに［は］雄走りがありましたけれども、改めて今日お越しになられ、「ナナヤの大神様が」直接にお話をされたわけであります。

そして、今日のこの熊野大権現「すなわち、須佐之男命」の大佳き日、また畏くも熊野大権現のお言葉を頂戴いたしました。その心は、いよよ明年お山へ、石黒さんに登って来ていただくに当って、安全を尽くして、肉体に負担のかからぬように、必ず導かねばならないという、覚悟のお言葉です。

そして、できるだけ多くの幽界冥界を見せてやりたい。それが、熊野大権現のお心であるわけでして、私が拝見したよりもはるかに多くのことを、ご覧になることができると思います。

ですから少し、日数も、恐らく一週間では終わらないと思います。そのつもりで明年の夏は、二週間はかかると思って予定を取っておいてください。どこから上がるのかは、また近くになって「連絡」のことになると思います。そういう、できるだけ多くのことを見せてやりたい、その宣言をされたわけであります。

そして、次の大山祇の大神様の「年大祭」の前に、私から、またタネオの大神様から、多くのことを伝えますので、その大祭の三日間は精進をしてください。ですから、二十七日の前の三日間、二十四、二十五、二十六日と、二十四からの三日間になります。二十三日は、夕食は軽めにして、次の日から直ちに、お言葉を賜る態勢にしてください。そこにいろんなものをお伝えのできると思います。

　私が、こちらに帰り、頂戴をしたことなどくさぐさお伝えをいたします。最初の日は、二十四日は自動書記でお願いをします。そこの中で予定と、いろんなことを、お伝えをいたします。自動書記と、発声とがこもごもになろうと思います。

　そういうことで、今日の話は、終わりたいと思います。以上です。［終］

（令和二年八月二十二日）

あとがき

（一）本書を通じて、行の始めと終りなどに、大国主命や大山祇命などの大神様のお言葉が多くあります。このことについて不思議に思われる方が多いと思われます。

実は、「霊学《れいがく》」を理解することができれば、納得がゆくと思います。神様というのは「分身」を出すことができるのです。

正一位の明神は、もちろん神様です。ここに、最初は一柱、二柱と分身を出すことができます。この分身は、その明神のお仕事を代行されるのですが、その役目が終わると明神に復命して消えるのです。明神がさらに向上されると、分身を十柱、二十柱と数が多くなるのです。

しかし、正一位でない明神は神様ではありませんので、分身を出すことができません。また、自ら名告ってお言葉を発するなどと出現されることはなく、正位の明神の導きの下に出現が許されるのです。

大神様は具体的に分身の数をいくつ持っておられるのかは知ることができません。しかし、その数は有限であるようです。しかし、天照大御神は無限の分身を出すことができると、師匠の門田博治先生は申されていました。

そこで、本書の中の神々のお言葉のことです。お言葉の伝達にはいくつかの形式があります。まず、大神様のお言葉は、この分身が運んでくれるものです。当洞では、この分身のことを「雄走《おばし》り」と称しています。

重要なことを伝達したい場合には、大神様が自ら足を運ばれ、お言葉を告げられます。この場合は、「大雄走《おお》り」と称しています。もちろんいずれの場合も、龍車、すなわち龍神に騎乗されて起こしになられるわけです。

門田天帆先生の生涯の守護神は、シロガネ龍神でした。体長五百メートル程の大きさと申します。先生は、「ナナヤの宮」に入る際に、実際に騎乗されて「ナナヤの宮」に入られました。私の最初の守護神のキノタカハ龍神は、先生の龍神より少し小さく四百メートル程であると、先生よりお聞きしています。

話が折れましたが続けます。お言葉の伝達には、大神様のお言葉を大神様が運んでくださることがあります。また、明神や龍神が預かって来られ、それを話してくださる場合もあります。

このように、お言葉には色々な場合があります。受け取る者にとっては、同じ神様であるのに、いつもと何か違うなあと思うことがあります。大雄走りであるとか、雄走りであるとか、いただいて来たものであるとかは、事前にあるいは後で教えていただけることが多いものです。

私は、発声と自動書記の二つの方法で神様から色々と賜っています。発声の場合は、神様は懸かった者の喉を使うといいます。

いずれの場合においても、神様に向かった時、一体次はどのようなことを話されるのであろうかと心配になります。しかし、お言葉は途切れることなく、次からつぎへと色々と発せられますので不思議に思っています。

しかし、このお言葉は懸かった者のボキャブラリーを使うと申します。門田先生は、大神様よりボキャブラリーが豊富であるので大変に使いやすいと、お褒めにあずかったとお聞きしています。

私自身のことを、乏しい知識の中で述べました。他の方には、ボキャブラリーも異なり、また異なる方法で伝達があると思われます。しかし、そのことについての知識はありません。

多くの大神様のお言葉があることの理由がわかっていただけましたでしょうか。

(二)本書には、『古事記』や『日本書紀』の神話に出てくるような、あまりに多くの色々な大神様がおいでになり、戸惑っておられるのではないでしょうか。本書に述べられる大神様はすべて、当洞に鎮まっておられる神々です。
創始者の門田先生は、「真澄洞」ご奉斎の大神様として、天津神の天照大御神、少彦名命、住江大神、国津神の大国主命、大山祇命、熊野大権現でした。この意味は、「十言神呪」第三の組立ての主宰神をみればご理解いただけることです。ただ、国津神として大山祇命、熊野大権現が入っていますが、その理由は少し説明するといいと思います。

大国主命はほとんど「ナナヤの宮」を出られないと申します。ここで、その詔を伝達されるのは大山祇命です。門田先生は、大山祇命は「ナナヤの宮」の官房長官のような役割をされていると申します。

面白いことを一つ述べますと、門田先生は、「大山祇命のことを話してくれないか」というご講演の依頼を受けたようです。私に、「大山祇命のことを二時間で話せというが、大神様の足跡《そくせき》しか話はできない。石黒さん、あんた代わりに行ってきなさいよ」と冗談に言われたことがあります。『ナナヤの宮参宮記』をご覧になられた方々にはわかる通りに、大国主命の「手形《てがた》」を賜るために、門田先生の背後から身体が動かないように両腕を固められたのは大山祇命でした。大神様のお導きを直に受けられた者であればこそです。

また、熊野大権現は、大国主命の許にある御霊たちの導き主としてあります。当洞は、御霊の慰霊祭というのは行っていません。それは危険性が伴うからです。そのために、明魂祭という限りなく神様に近い御霊の慰霊祭を執行しています。この明魂の導きによって幽界冥界に苦しむ御霊を救っていただこうという考えです。

先生の最晩年に、武甕槌命、経津主命、宗像大神を御奉斎をさせていただきました。武甕槌命、経津主命が私のご神殿に起こしになれましたと伝えると、先生は「私の氏神様が春日神社であるので、そのこともあるのではないか」と、お迎えさせていただきました。

また、宗像の大神様のときは、「宗像大神としてお迎えをさせていただきなさい」とお言葉を賜りました。宗像の大神様は三女神ですので、住江の三柱の大神様を住江大神としてお迎えするように、宗像大神としました。

ここで少し述べますと「大神」という使い方です。大神様というのは、畏れ多いですが、大山祇命のことを大山祇の大神様というように使います。一方で、住江大神は、上筒之命、中筒之命、底筒之命の三神を称して申し上げます。すなわち、「大神」は複数形で用いています。

ですから、真澄神、真澄大神とありますが、真澄大神は真澄神の複数形であるのです。

さらに、多くの明神様方からのお言葉があります。『光る国神霊物語』の中において、「十言神呪」を指導された明神様方が大勢おられますが、引き続きそれらの正一位の明神様方からの導きがあり、嬉しく賜っています。

(三) 虚数iのことです。【第一巻】「はじめに」(六)において述べたことです。

この世の中の「物質」の他に、現実には存在しないが「霊」という一つのものを入れた世界を考えると、我々の世界はグーンと広くなるのではないか。これが、本書の『神界物語』に流れている思想です。現世の「生き物」に、さらに霊的存在である「御霊」、「神様」を含めた大きい世界を考えるのです。

「実数の世界に、現実には存在しない虚数 i を一つ導入するだけで、複素数という大きい世界を作り出し、これが実数世界にかけがえのない利益をもたらすのです」（一〇頁）と記しました。

この世に存在する実数（大小がある）の中に、この世に存在しない虚数 i（大小がない）を組み入れると、数の世界が拡大され実世界が便利になることを述べました。ここで実数は現実世界の「生き物」であり、虚数は霊的世界の「御霊」「神様」であったのです。

ところが、この虚数 i は実在の数であるというのです。『シュレディンガー方程式』（ダニエル・フライシュ著、河辺哲治訳、岩波書店、二〇二二年）を参照します。

「虚数は実数と同じくらい『実在する数』ですが、それらは異なる数直線に沿っています」（二二頁）。

続いて、「クイズ」（三五〜三六頁）の中の問題6には、設問の次に三つの選択肢を作っています。「虚数は、実数とまったく同じように『実在』しています。（a）正しい。（b）誤り。（c）どちらといえない」とありますが、この解は6（a）としてあります。

実在という意味をどのように使っているのかはっきりしませんが、現実に役立つもの（道具）として存在するという意味でしょうか。

このように考えるならば、現実には存在しないけれども、霊的存在である「御霊」「神様」なども実在するものとして、この世に組み入れて考えることも妥当性のあることと考えます。

(四)やっと当洞の「勉強会」も、コロナ禍の中にも回を重ねることができるようになりました。いつものメンバーである門田伸一氏、那須田征司氏、岩崎智子氏、植田陽寛氏、半浦嘉子氏、松葉千香子氏の方々と事前の勉強会で有意義な時間を過ごすことができました。御礼を申し上げます。

最後に、宮帯出版社・内舘朋生氏にはいつもながら大変なお世話になりました。謹んで御礼を申し上げます。

令和四年十二月三日

石黒　豊信

〔著者紹介〕

石黒 豊信（いしぐろ とよのぶ）

昭和20年（1945年）高知県生まれ。昭和42年東京理科大学（理学部）卒業。平成22年㈻廣池学園・麗澤中学高等学校（数学科）定年退職。

現在、特定非営利活動法人（NPO法人）教職員学校（理事・事務局長）、聖徳大学SOA講師。昭和50年頃より「古神道」研究者門田博治先生に師事する。昭和63年先生ご逝去後、門田家のご協力のもと兄弟子や門田先生を慕われる方々のご援助により、先生の遺された記録・哲学を公にしている。

また、「十言神呪」の普及と研究に努め現在に至る。

責任編集出版は次の通りである。

『門田博治先生の思い出』（平成8年）、『増補 無為庵独語』（平成11年）、『法絲帖』（上）（下）（平成19年 平成21年）、『光る国神霊物語』（ミヤオビパブリッシング 平成25年）、『ナナヤの宮参宮記』（鳥影社 平成26年）、『十言神呪』（ミヤオビパブリッシング 平成30年）、『神界物語（一）』『神界物語（二）』ミヤオビパブリッシング 令和4年）などである。

神界物語（三） ――「十言神呪」の世界――

2023年2月22日 第1刷発行

著　者 石黒豊信
発行者 宮下玄覇
発行所 MPミヤオビパブリッシング
〒160-0008
東京都新宿区四谷三栄町11-4
電話(03)3355-5555
発売元 株式会社宮帯出版社
〒602-8157
京都市上京区小山町908-27
電話(075)366-6600
http://www.miyaobi.com/publishing/
振替口座 00960-7-279886
印刷所 シナノ書籍印刷株式会社

 ISBN978-4-8016-0290-8 C0014